¡Claro que sí!

AN INTEGRATED SKILLS APPROACH

THIRD EDITION

Activities Manual
Workbook/Lab Manual

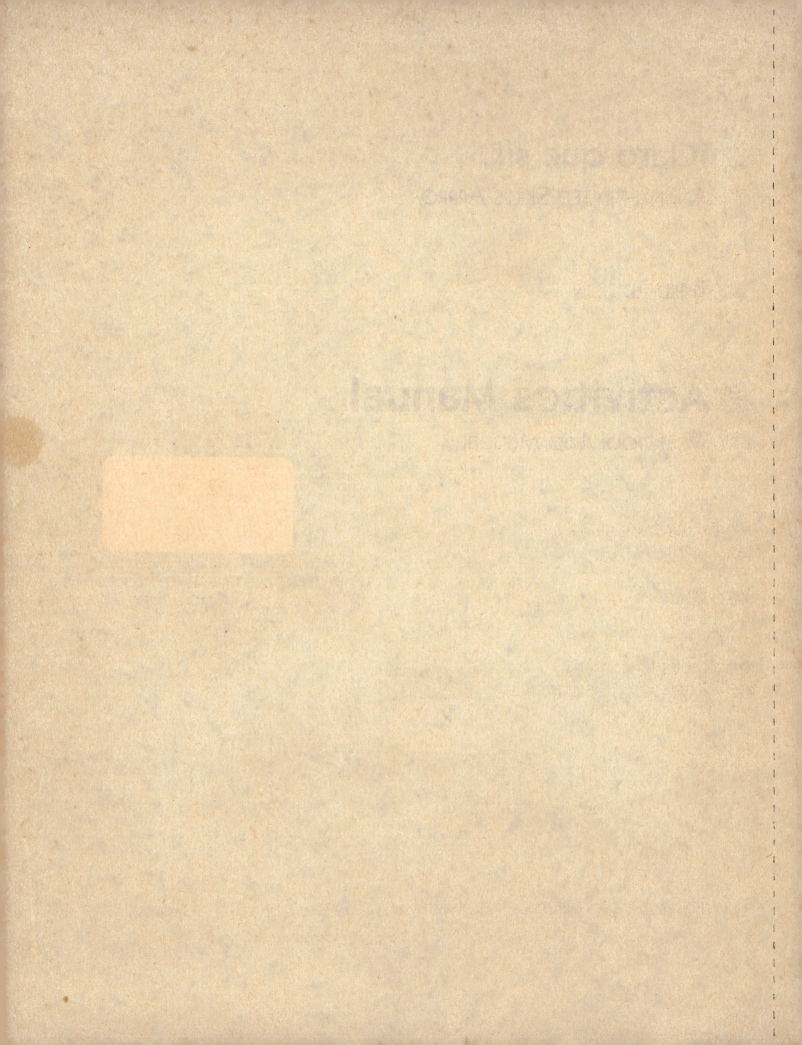

¡Claro que sí!

AN INTEGRATED SKILLS APPROACH

THIRD EDITION

Activities Manual
Workbook/Lab Manual

Lucía Caycedo Garner
University of Wisconsin–Madison

Debbie Rusch
Boston College

Marcela Domínguez
University of California, Los Angeles

HOUGHTON MIFFLIN COMPANY   BOSTON   TORONTO

Geneva, Illinois   Palo Alto   Princeton, New Jersey

CREDITS

Page 9, © *Vanidades Continental;* page 62, © Lecturas; page 84, Peter Menzel; page 96, reprinted with permission of AT&T; page 98, Monkmeyer/Huffman (top), Peter Menzel (bottom); page 124, The Picture Cube/Mary Altier; page 143, © Revista *Mucho Más;* page 163, from "El Mundo a Su Alcance con Hertz," reprinted by permission of The Hertz Corporation; page 191, Photo Researchers/Jim Fox; page 195, © Asociación CONCIENCIA—Folleto de Campaña "Vivamos en un paisaje limpio," Argentina; page 318, © Giraudon/Art Resource, New York.

ILLUSTRATIONS

Joyce A. Zarins: pages 4, 34, 51, 54, 55, 105, 114, 127, 146, 147, 184, 205, 247, 253, 254, 264 (top), 266, 281, 293 (bottom), 299, 302

Will Winslow: pages 3, 5, 19, 39, 40, 45, 49, 56, 66, 67, 69, 77, 119, 134, 136, 145, 165, 174, 236, 237, 240, 241 (top), 244, 246, 248, 250, 255, 260, 246 (bottom), 288, 293 (top), 307, 308, 316

Conrad Bailey: pages 8, 31

Tim Jones: pages 160, 284

Doug Wilcox: pages 16, 72, 122, 241 (bottom)

Printed in the U.S.A.

ISBN: 0-395-74555-1

23456789-PO-99 98 97 96

Contents

To the Student

The Activities Manual to accompany *¡Claro que sí!, Third Edition,* consists of three parts:

- Workbook Activities

- Lab Manual Activities

- Answer Key to the Workbook Activities

Workbook and Answer Key

The Workbook activities are designed to reinforce the chapter material and to help develop your writing skills. Each chapter in the Workbook contains four parts:

- *Práctica mecánica I:* Contains mechanical drills to reinforce and practice the vocabulary and grammar presented in the first part of the textbook chapter. You should do this section after studying the first grammar explanation.

- *Práctica comunicativa I:* Contains open-ended activities that allow you to use the concepts learned in the first part of the chapter. Many of the activities will focus on more than one concept. Do this section after having completed the activities in the first *Hacia la comunicación* section.

- *Práctica mecánica II:* Contains mechanical drills to reinforce and practice the vocabulary and grammar presented in the second part of the textbook chapter. You should do this section after studying the second grammar explanation.

- *Práctica comunicativa II:* Integrates all vocabulary, grammar, and functions presented in the chapter and allows you to express yourself in meaningful and more open-ended contexts. You should do this section after having completed *Hacia la comunicación II,* and before any exams or quizzes.

You will find the answers to the Workbook activities at the end of the Activities Manual.

Here are some tips to follow when using the Workbook:

- Before doing the exercises, study the corresponding vocabulary and grammar sections in the textbook.

- Do the exercises with the textbook closed.

- Write what you have learned. Be creative, but not overly so. Try not to overstep your linguistic boundaries.

- Try to use dictionaries sparingly.

- Check your answers against the answer key, marking all incorrect answers in a different color ink.

- Check any wrong answers against the grammar explanations and vocabulary lists in the textbook. Make notes to yourself in the margins to use as study aids.

- Use your notes to help prepare for exams and quizzes.

- If you feel you need additional work with particular portions of the chapter, do the corresponding exercises in the Computer Study Modules.

Lab Manual

The activities in the Lab Manual are designed to help improve your pronunciation and listening skills. Each chapter contains three parts:

- *Mejorando tu pronunciación:* Contains an explanation of the sounds and rhythm of Spanish, followed by pronunciation exercises. This section should be done at the beginning of a chapter.

- *Mejorando tu comprensión:* Contains numerous listening comprehension activities. As you listen to these recordings, you will be given a task to perform (for example, completing a telephone message as you hear the conversation). This section should be done after studying the second grammar explanation and before taking any exams or quizzes.

- Each chapter tape ends with the corresponding conversations from the text, so that you can listen to them outside of class.

Here are some tips to follow when doing the Lab Manual activities:

- While doing the pronunciation exercises listen carefully, repeat accurately, and speak up.

- Read all directions and items before doing the listening comprehension activities.

- Pay specific attention to the setting and type of spoken language (for example, an announcement in a store, a radio newscast, a conversation between two students about exams, and so forth).

- Do not be concerned with understanding every word; your goal should be to do the task that is asked of you in the activity.

- Replay the activities as many times as needed.

- Listen to the tapes again after correction to hear what you missed.

Conclusion

Through conscientious use of the Workbook and Lab Manual you should make good progress in your study of the Spanish language. Should you need additional practice, do the Computer Study Modules. This computer program (for Mac or IBM and compatibles) is an excellent review tool for quizzes and exams.

Workbook

Capítulo preliminar

PRÁCTICA MECÁNICA

Actividad 1: *Llamarse*.   Complete the following sentences with the correct form of the verb **llamarse**.

1. Ud. se _____ Pedro Lerma, ¿no?
2. Me _____ Francisco.
3. ¿Cómo te _____?
4. ¿Cómo se _____ Ud.?
5. Ud. _____ _____ Julia Muñoz, ¿no?
6. _____ llamo Ramón.
7. ¿Cómo _____ _____ tú?
8. ¿Cómo _____ _____ Ud.?

Actividad 2: *Ser*.   Complete the following sentences with the correct form of the verb **ser**.

1. Yo _____ de Cali, Colombia.
2. ¿De dónde _____ Ud.?
3. Tú _____ de California, ¿no?
4. La capital de Honduras _____ Tegucigalpa.
5. Ud. _____ de Valencia, ¿no?
6. ¿De dónde _____ tú?
7. ¿Cuál _____ la capital de Chile?
8. Yo _____ de San José.

Actividad 3: *Estar*.   Complete the following sentences with the correct form of the verb **estar**.

1. ¿Cómo _____ Ud.?
2. Pepe, ¿cómo _____?
3. Sr. Guzmán, ¿cómo _____?
4. Srta. Ramírez, ¿cómo _____?

Actividad 4: ¿Cómo se escribe? Write out the spellings for the following capitals.

➤ Asunción ***A-ese-u-ene-ce-i-o con acento-ene***

1. Caracas _____
2. Tegucigalpa _____
3. San Juan _____
4. Quito _____
5. Santiago _____
6. La Habana _____
7. Managua _____
8. Montevideo _____

Actividad 5: Los acentos. Write accents on the following words where needed. The stressed syllables are in boldface.

1. televi**sor**
2. **fa**cil
3. impor**tan**te
4. **dis**co

5. **Ra**mon
6. **Me**xico
7. ri**di**culo
8. conti**nen**te

9. fi**nal**
10. fan**tas**tico
11. ciu**dad**
12. invita**cion**

Actividad 6: Puntuación. Punctuate the following conversation.

MANOLO	Cómo te llamas
RICARDO	Me llamo Ricardo Y tú
MANOLO	Me llamo Manolo
RICARDO	De dónde eres
MANOLO	Soy de La Paz

PRÁCTICA COMUNICATIVA

Actividad 7: ¿Cómo te llamas? Finish the following conversation between two college students who are meeting for the first time.

ÁLVARO	¿Cómo te _____?
TERESA	Me _____. ¿Y _____?
ÁLVARO	_____.
TERESA	¿De _____ eres?
ÁLVARO	_____ Córdoba, España. ¿Y _____?
TERESA	_____ Ponce, Puerto Rico.

Actividad 8: ¿Cómo se llama Ud.?   Two businesspeople are sitting next to each other on a plane, and they strike up a conversation. You can hear the woman, Mrs. Beltrán, but not the man, Mr. García. Write what you think Mr. García is saying.

SRA. BELTRÁN   Buenas tardes.

SR. GARCÍA   _____.

SRA. BELTRÁN   Me llamo Susana Beltrán, y ¿cómo se llama Ud.?

SR. GARCÍA   _____.

¿_____?

SRA. BELTRÁN   Soy de Guatemala, ¿y Ud.?

SR. GARCÍA   _____.

Actividad 9: Buenos días.   Today is Pepe's first day at a new school. He is meeting his teacher, Mr. Torres, for the first time. Complete the following conversation. Remember that Pepe will show respect for Mr. Torres and use **usted.**

SR. TORRES   Buenos días.

PEPE   _____.

SR. TORRES   ¿_____?

PEPE   _____ Pepe.

SR. TORRES   ¿De dónde _____?

PEPE   _____ Buenos Aires.

SR. TORRES   Ahhh … Buenos Aires.

PEPE   Señor, ¿_____?

SR. TORRES   Soy el señor Torres.

Actividad 10: La capital es ...   A few days later, Mr. Torres is teaching Latin American capitals and asks the students the following questions. Write the students' answers, using complete sentences.

1. ¿Cuál es la capital de Panamá? _____

   _____

2. ¿Cuál es la capital de Honduras? _____

   _____

3. ¿Cuál es la capital de Colombia? _____

   _____

4. ¿Cuál es la capital de Puerto Rico? _____

   _____

5. ¿Cuál es la capital de Chile? _____

   _____

Actividad 11: Países.   As a student, Luis Domínguez has many opportunities to travel. Look at the button collection on his backpack and list the countries he has visited.

_____

_____

_____

Actividad 12: ¡Hola! *(a)* Two friends see each other on the street. Complete their brief conversation with what you think they said.

MARIEL   Hola, Carlos.

CARLOS   _____, _____.

        ¿_____?

MARIEL   Bien, ¿_____?

CARLOS   Muy bien.

MARIEL   Hasta luego.

CARLOS   _____.

(b) Rewrite the preceding conversation from Part *(a)* so it takes place between two business acquaintances who meet at a conference.

SR. MARTÍN   _____.

SR. CAMACHO   _____, _____.

        ¿_____?

SR. MARTÍN   _____, ¿_____?

SR. CAMACHO   _____.

SR. MARTÍN   _____.

SR. CAMACHO   _____.

Estrategia de lectura: **Cognates**

Cognates—words that are similar in Spanish and English are very common in Spanish. Identifying cognates can help you comprehend information when reading.

Actividad 18: No. 78594   Read Claudia's housing application and write all the cognates you find in it.

_____

_____

Colegio Mayor Hispanoamericano
Nº 78594
Solicitud de admisión para estudiantes extranjeros

Sr./Sra./Srta. *Claudia Dávila Arenas* hijo/a

de *Jesús María Dávila Cifuentes* y

de *Elena Arenas Peña*, nacido/a en la ciudad

de *Cali, Colombia* el *15* de *febrero*

de *1975*, de nacionalidad *colombiana*,

estado civil *soltera*,[1] número de pasaporte *AC 67 42 83*

de *Colombia*, con domicilio en

Calle 8 No. 15-25 Apto. 203,

de la ciudad de *Cali*, en el país de *Colombia*,

teléfono: prefijo *23*, número *67-75-52*, solicita

admisión en el Colegio Mayor Hispanoamericano con fecha de entrada

del *1* de *julio* de *1995* y permanencia hasta

el *30* de *junio* de *1996*.

C. Dávila A.

Firmado el día *19* de *enero* de *1995*

[1] *Single*

Actividad 19: La ficha.   Based on the information in the letter, fill out Claudia's registration card.

Colegio Mayor Hispanoamericano

Nombre ⬚⬚⬚⬚⬚⬚⬚⬚⬚⬚⬚⬚⬚⬚⬚⬚⬚

Apellidos ⬚⬚⬚⬚⬚⬚⬚⬚⬚⬚⬚⬚⬚⬚⬚⬚⬚⬚⬚

Edad ⬚⬚   País de origen ⬚⬚⬚⬚⬚⬚⬚⬚⬚⬚⬚

Número de pasaporte ⬚⬚⬚⬚⬚⬚⬚⬚⬚⬚

Dirección ⬚⬚⬚⬚⬚⬚⬚⬚⬚⬚⬚⬚⬚⬚⬚⬚⬚⬚⬚⬚⬚⬚⬚⬚⬚⬚

Ciudad ⬚⬚⬚⬚⬚⬚⬚⬚⬚⬚⬚⬚

País ⬚⬚⬚⬚⬚⬚⬚⬚⬚⬚⬚⬚⬚

Prefijo ⬚⬚⬚   Teléfono ⬚⬚⬚⬚⬚⬚⬚

MARISEL	Muy bien.
TERESA	Marisel, tú _____ cintas, pero nosotros no _____ grabadora.
MARISEL	Álvaro va a _____ la grabadora.
VICENTE	¿Tenemos guitarra?
MARISEL	¡Claro! Yo _____ guitarra.

Actividad 16: Gustos y obligaciones.   Answer the following questions.

1. ¿Qué tienes que hacer mañana? _____

   _____

2. ¿Qué van a hacer tus amigos mañana? _____

   _____

3. ¿Qué les gusta hacer a ti y a tus amigos los sábados? _____

   _____

4. ¿Qué van a hacer Uds. el sábado? _____

   _____

Actividad 17: Hoy y mañana.   *(a)* List three things that you are going to do tonight. Use **ir a** + *infinitive*.

1. _____

2. _____

3. _____

(b) List three things that you have to do tomorrow. Use **tener que** + *infinitive*.

1. _____

2. _____

3. _____

Actividad 18: ¿Obligaciones o planes?   Write an **O** if the following phrases refer to future obligations and a **P** if they refer simply to future plans.

1. _____ examen de historia   4. _____ salir a comer con tus padres

2. _____ nadar   5. _____ ir al cine

3. _____ hacer la tarea de filosofía 6. _____ comprar un libro de álgebra

Actividad 19: La agenda de Álvaro. Look at Álvaro's datebook and answer the following questions.

octubre	actividades
lunes 15	estudiar cálculo; comer con Claudia
martes 16	examen de cálculo; ir a bailar
miércoles 17	salir con Diana y Marisel a comer; nadar
jueves 18	leer y hacer la tarea
viernes 19	mirar un video con Juan Carlos
sábado 20	nadar; ir a la fiesta — llevar cintas y grabadora
domingo 21	comprar una novela nueva

1. ¿Adónde va a ir Álvaro el sábado? _____

_____

2. ¿Qué tiene que hacer el lunes? _____

_____

3. ¿Cuándo va a salir con Diana y Marisel y qué van a hacer? _____

_____

4. ¿Qué tiene que llevar a la fiesta? _____

_____

5. ¿Cuándo va a nadar? _____

_____

Actividad 20: Tus planes.   *(a)* Use the accompanying datebook to list the things that you have to do or are going to do next week, and indicate with whom you are going to do them. Follow the model.

mes:	actividades
lunes	
martes	*Pablo y yo tenemos que estudiar — examen mañana*
miércoles	
jueves	
viernes	
sábado	
domingo	

(b) Based on your datebook notations, write a description in paragraph form of what you are going to do or what you have to do next week. Be specific.

El lunes _____

_____

_____

_____

_____

Estrategia de lectura: **Scanning**

When scanning a written text, you look for specific information and your eyes search like radar beams for their target.

Actividad 21: La televisión. Scan these Spanish TV listings to answer the following question:

¿Cuáles son los programas de los Estados Unidos?

_____

_____

PROGRAMAS DE TV

MIÉRCOLES
4 de octubre de 1995

18,00 hs

7 ALF
Alf tiene que vivir en un garaje porque se porta mal. Willy trata de enseñarle cómo debe comportarse.

13 EL SHOW DE XUXA
Programa infantil.

19,00 hs

7 FÚTBOL: COPA LIBERTADORES
Final. Boca Juniors vs. River Plate.

9 McGYVER
Una amiga tiene problemas. McGyver decide recurrir a la ayuda de su amiga, la bruja haitiana.

13 MANUELA
Telenovela.

19,30 hs

11 ¡MÚSICA, MÚSICA, MÚSICA!: "LOS PRINCIPIANTES"
Musical con David Bowie, Sade. Dir. Julien Temple.

20,00 hs

9 BUSCANDO DESESPERADAMENTE A SUSAN
Comedia con Madonna, Rosanna Arquette.

13 TELEFÉ NOTICIAS
Noticiero.

Actividad 22: Los gustos hispanos. Read the following questions, then scan the article that follows to find the answers.

1. ¿En cuántos países es el español la lengua oficial? _____

2. ¿Tenemos programas de televisión en español en los Estados Unidos? _____

3. ¿Tienen programas de los Estados Unidos en los países hispanos? _Sí tienen_

4. ¿Dónde hay canales de televisión en español en los Estados Unidos? _hay canales en_ _____

5. ¿Cuántas cadenas hay? _3 tres_ ¿Cómo se llaman? _____

hay tres _____

6. ¿Qué significa **teleadicto** en inglés? _____

Los hispanos y sus gustos

El español es la lengua[1] oficial de veinte países del mundo.[2] En total, hay aproximadamente 350 millones de personas que hablan español, incluyendo[3] unos 25 millones en los Estados Unidos; por eso, la población hispana es un mercado consumidor[4] muy significativo.

A muchos hispanos les gustan diferentes tipos de música: la folklórica, la clásica, el rock y el jazz. La música folklórica combina influencias indígenas, africanas y europeas y, por eso, es muy rítmica. La música hispana más popular en los Estados Unidos es la salsa y muchos norteamericanos tienen discos compactos de cantantes como Rubén Blades, Juan Luis Guerra y Óscar de León.

La televisión también es importante en los países hispanos y hay muchos teleadictos. Los hispanos tienen sus propios[5] programas de noticias,[6] de música, comedias y telenovelas, pero también hay muchos programas de los Estados Unidos. Comedias como *El príncipe de Bel-Air* y telenovelas como *Beverly Hills 90210: Sensación de vivir* son muy populares, pero tienen una diferencia: ¡Jennie Garth no habla inglés, habla español! En algunas ciudades de los Estados Unidos como Nueva York, Miami, Los Ángeles y Chicago, hay canales de televisión en español. Las tres cadenas[7] hispanas de televisión que transmiten en los Estados Unidos son Telemundo, Univisión y Galavisión; también hay más de doscientas emisoras de radio para los hispanos en este país.

[1] language
[2] world
[3] including
[4] consumer market
[5] own
[6] news
[7] network

Actividad 9: Dos conversaciones. Complete these conversations with the correct form of the indicated verbs.

1. En la oficina

RAMÓN   Yo no _____ bien. ¿Quién está con el abogado? (ver)

PACO   No _____ … Ah sí, es Hernando Beltrán. (saber)

RAMÓN   No _____ a Hernando. (conocer)

PACO   ¿No? Él _____ documentos oficiales de inglés a español. (traducir)

RAMÓN   ¡Ah, Nando! Mi padre _____ a Nando. (conocer)

2. En el museo—Preparaciones para una exhibición de arte

ANA   ¿Qué _____ yo? (traer)

GERMÁN   Tú _____ las cintas de música clásica, ¿no? (traer)

ANA   Bien. ¿Quién va a _____ el café? (hacer)

GERMÁN   Yo _____ un café muy bueno. _____ un café de Costa

            Rica que es delicioso. (hacer, tener)

ANA   Perfecto.

GERMÁN   ¿Dónde _____ el estéreo? (poner)

ANA   En la mesa.

Actividad 10: Los problemas. Ignacio wrote a note to his friend Jorge, who replied. Read both notes first, then go back and fill in the missing words with the appropriate forms of the following verbs: **bailar, cantar, conocer, escuchar, estar, estudiar, gustar, leer, ser, tener, tocar**. You can use a verb more than once.

Querido Jorge:

Yo _____ una persona muy simpática y _____ una

novia que también es simpática. Nos gusta hacer muchas cosas:

nosotros _____ muchos tipos de música, _____

en las discotecas, yo _____ la guitarra y ella

_____. Ella y yo _____ literatura en la

universidad; nos _____ mucho _____ poemas.

Nosotros _____ enamorados, pero yo _____ un

problema: ella _____ muy alta. Yo no _____

contento porque _____ muy bajo.

Ignacio

Querido Ignacio:

Yo _____ a tu novia y es fantástica. Tú _____ un

problema: ¡tu ego!

Actividad 11: La rutina diaria. Answer the following questions about yourself.

1. Cuando vas al cine, ¿con quién vas? _____

   _____

2. ¿Nadas? Si contestas que sí, ¿con quién nadas? ¿Dónde nadan Uds.?_____

   _____

3. ¿Corres con tus amigos? ¿Corren Uds. en un parque? _____

   _____

Actividad 20: Eres profesor/a.   You are the teacher. Correct the grammar in the following sentences. The highlighted sections contain no errors and may help you find the mistakes. (There are nine mistakes.)

Mi familia y yo regreso mañana de nuestro **vacaciones** en Guadalajara. Mi hermano, Ramón, no regresa porque **él** viven en Guadalajara. Su novia es **en Guadalajara**, también. **Ella** es guapo, inteligente y simpático. Ellos van a una fiesta esta noche y van a llevar sus **grabadora.** A **ellos** le gusta mucho la música. Siempre baila en las fiestas.

Actividad 21: Hoy estoy ...   Finish the following sentences in an original manner.

1. Me gustaría _____ porque hoy estoy _____ .
2. Hoy voy a _____ porque estoy muy _____ .
3. Hoy necesito _____ porque no tengo _____ .
4. Deseo _____ porque estoy _____ .

Actividad 22: El cantante famoso.   Freddy Fernández, a famous Mexican rock singer, was interviewed by a reporter. Write an article based on the following notes that the reporter took.

Descripción

   alto, guapo, simpático

Estado

   contento, enamorado

Un día normal

   cantar por la mañana / guitarra
   leer / periódico
   correr / 10 kilómetros / parque
   comer / con / agente
   él / novia / comer / restaurante
   él / novia / mirar / videos

Planes futuros

   él / novia / ir / Cancún / sábado
   él / ir / cantar / Mazatlán / programa de televisión

Le gustaría

   cantar / el coliseo de Los Ángeles
   viajar / novia / una playa / del Pacífico

_____

_____

_____

_____

_____
_____
_____
_____
_____
_____
_____
_____
_____

Estrategia de lectura: Dealing with unfamiliar words

When reading, people frequently come across unfamiliar words. Sometimes you use a dictionary to find the exact meaning, but more often than not, you simply guess the meaning from context. You will practice guessing meaning from context in Activity 25.

Actividad 23: Ideas principales. Each paragraph in the following letter expresses one of the main ideas in the list. Scan the letter and put the correct paragraph number next to its corresponding idea.

a. _____ las actividades de Mario

c. _____ las preguntas a Teresa

b. _____ la familia de Mario

d. _____ la composición étnica

Carta de Puerto Rico.

Teresa recibe cartas *(letters)* de sus amigos puertorriqueños. La siguiente carta es de su amigo Mario. Él vive con su padre y su madre en San Juan, Puerto Rico.

San Juan, 20 de octubre

Querida Teresa:

Por fin tengo tiempo para escribir. ¿Cómo estás? Espero que bien. Tengo muchas preguntas porque deseo saber cómo es tu vida en España y cuáles son tus planes y actividades. ¿Te gusta Madrid? ¿Tienes muchos amigos? ¿De dónde son y qué estudian? ¿Qué haces los sábados y los domingos? Escribe pronto y contesta todas las preguntas; todos deseamos recibir noticias de nuestra querida Teresa. 5

Yo estoy muy bien. Voy a la universidad todas las noches y trabajo por las mañanas en un banco. Soy cajero y me gusta mucho el trabajo. Por las tardes voy a la biblioteca y estudio con Luis Sosa. Conoces a Luis, ¿verdad? Tengo que estudiar dos años más y termino mi carrera; voy a ser hombre de negocios. ¿Te gusta la idea? A mí me gusta mucho. 10

Por cierto, uno de mis cursos es geografía social de Hispanoamérica y es muy interesante, pero tengo que memorizar muchos datos. Por ejemplo, en Argentina la mayoría de las personas son de origen europeo y solamente un 2% tiene mezcla de blancos, indios y negros; pero en México sólo un 5% es de origen europeo; el 25% de los mexicanos son indígenas y el 60% son 15 mestizos. Necesito tener buena memoria porque hay mucha variedad en todos los países, ¿verdad?

Por aquí, todos bien. Mis padres y yo vivimos ahora en la Calle Sol en el Viejo San Juan. Nos gusta mucho el apartamento. Los amigos están bien. Marta estudia y trabaja todo el día.

cada = each.

EVERY

Capítulo 5

PRÁCTICA MECÁNICA I

Actividad 1: ¿Qué hora es?   Write out the following times in complete sentences.

▶ 2:00   *Son las dos.*

a. 9:15 _Son las nueve y cuarto_
b. 12:05 _Son las ~~doce~~ y cinco_
c. 1:25 _es la una y veinticinco_
d. 5:40 _son las ~~cinco~~ seis menos veinte_
e. 12:45 _~~es~~ es la una menos cuarto_
f. 7:30 _son las siete y media_

Actividad 2: En singular.   Change the subjects of the following sentences from **nosotros** to **yo** and make all other necessary changes.

1. Podemos ir a la fiesta. _Puedo ir a la fiesta_
2. Dormimos ocho horas cada noche. _Duermo ocho horas cada noche_
ME 3. No servimos vino. _No sirvo vino_
4. Nos divertimos mucho. _divierto mucho_
5. Nos acostamos temprano. _acuesto temprano_
6. Jugamos al fútbol. _Juego al fútbol_

Actividad 3: Verbos.   Complete the following sentences by selecting a logical verb and writing the appropriate form.

1. María no _puede_ venir hoy. (poder, entender)
2. Los profesores siempre _cerramos_ las ventanas. (jugar, cerrar) cerran (They)
3. Carmen y yo _prefieran_ estudiar esta noche. (volver, preferir) preferimos we
4. Marisel siempre _~~se viste~~_ bien. (vestirse, encontrar) se viste (he)
5. Yo no _entiendo_ francés. (entender, pedir)
6. ¿A qué hora _empieza_ el concierto? (despertarse, empezar)
7. Juan _se piensa_ ir a bailar esta noche. (decir, pensar) He
     a

sirviendo

8. Pablo es camarero; ahora está ~~sirve~~ cerveza. (servir, comenzar)

9. Nosotros *volvemos* a casa esta tarde. (volver, poder)

10. ¿Qué *quieres(n)* hacer Uds.? (querer, dormir)

11. ¿_____ Ricardo y Germán mañana? (despertar, venir)

12. Los niños están jugando al fútbol y están _____ mucho. (querer, divertirse)

13. Yo siempre _____ la verdad. (sentarse, decir)

14. ¿Cuándo _____ Ud. las clases? (comenzar, servir)

15. Ellos dicen que _____ ir. (decir, querer)

Actividad 4: *Se pasivo.* Complete the following sentences using the passive **se** + singular or plural verb forms.

1. _____ _____ carros. (vender)

2. Aquí _____ _____ libros usados. (comprar)

3. En el club Caballo Blanco _____ _____ buena música. (escuchar)

4. _____ _____ hamburguesas deliciosas en el restaurante La Barbacoa. (servir)

5. _____ _____ el banco a las dos. (cerrar)

6. _____ _____ la verdad y nada más que la verdad en el programa de Cristina.

(decir)

PRÁCTICA COMUNICATIVA I

Actividad 5: ¿A qué hora? Look at this page from a Spanish-language guide to TV programs and answer the questions that follow in complete sentences.

1. ¿A qué hora empieza *El tiempo*? _____

   _____

2. ¿Te gustaría ver *Remington Steele*? _____

   _____

3. ¿Puedes ver *A media tarde* o tienes clase? _____

   _____

4. ¿A qué hora empieza *Juzgado de guardia*? _____

   _____

5. ¿A qué hora termina *El mirador*? _____

   _____

6. ¿Qué programa viene después de *El precio justo*? _____

7. ¿Qué piensas del programa *Remington Steele*? _____

   _____

8. ¿Prefieren ver *El precio justo* o *Remington Steele* tú y tus amigos? _____

   _____

Actividad 6: ¿Tiene calor, frío o qué?   Read the following situations and indicate how each person or group of people feels: hot, cold, hungry, etc. Use complete sentences. Remember to use the verb **tener** in your responses.

1. Una persona con una pistola está en la calle y le dice a Esteban que quiere todo su dinero. Esteban
   (He) (tiene miedo) Esteban tiene

2. Es el mes de julio y estoy en los Andes chilenos. ~~estoy calor~~ tengo frío

3. Son las tres y media de la mañana y estamos estudiando en la biblioteca.
   tenemos ~~hambre~~ (aborrida) sueño

4. Estoy en clase y veo mis medias. ¡Por Dios! Son de color diferente. tengo embarrassed
   SOCKS
   verguenza

5. Después de jugar al fútbol, Sebastián quiere una Coca-Cola. Sebastián tiene sed

6. Volvemos de estudiar, vemos una pizzería, entramos y pedimos una pizza grande con todo.
   tenemos hambre

7. Mis amigos están en San Juan, Puerto Rico, en el invierno porque no les gusta el frío de Minnesota.
   Mis amigos tienen calor

Actividad 7: Una carta a Chile. Here you have one page from a letter that Isabel is writing to a friend in Chile. First read the entire page, then reread the letter and complete it with the appropriate forms of the verbs found to the left of each paragraph. Note: you may use verbs more than once.

y cómo están tus clases? ¿Tienes mucho trabajo?

Tengo unos amigos fantásticos. Una se llama

Diana; _____ de los Estados Unidos, pero

querer
entender
_____ en España estudiando literatura.

ser
Habla y _____ el español como tú y yo

divertirse
porque su madre _____ española. Yo

estar
_____ mucho cuando _____ con

salir
ser
ella porque siempre pasa algo interesante. Nosotras

_____ ir a Barcelona el fin de semana que

viene y después irnos a Sitges para _____

en la playa.

Tengo otra amiga que a ti te gustaría. Se llama

Marisel; _____ de Venezuela. Tiene ropa,

saber
ropa y más ropa. _____ siempre con ropa muy

encontrar
moderna. Yo siempre tengo problemas con la ropa;

ser
no _____ cosas bonitas. _____ que no

vestirse
soy fea, pero es un problema. En cambio Marisel

probarse
_____ algo y siempre es perfecto para ella.

Si vienes a España, vas a _____ a dos

vivir
hombres muy simpáticos. _____ en un

poder
apartamento y si _____, _____ vivir

querer
con ellos. Debes _____ en venir porque te

conocer
pensar
gustaría y necesitas . . .

Actividad 8: Dos conversaciones. Complete the following conversations with verbs from the lists provided. Follow this procedure: first, read one conversation; then go back, select the verbs, and fill in the blanks with the appropriate forms; when finished, reread the conversations and check to see that all the verbs agree with their subjects. Note: you may use verbs more than once.

1. Una conversación por teléfono (**costar, divertirse, empezar, mirar, querer, saber, volver**)

—¡Aló!

—¿Jesús?

—Sí.

—Habla Rafael. Carmen y yo _____ ver la película de Quentin Tarantino.

  ¿Quieres ir?

—¿A qué hora _____ la película?

—No _____.

—¿Por qué no _____ en el periódico?

—Buena idea … a las siete y cuarto en el Cine Rex.

—¿_____ Uds. comer algo antes?

—Claro. Siempre tengo hambre. Hoy Carmen _____ a casa a las cinco.

  ¿Dónde _____ comer tú?

—La comida en la Perla Asturiana _____ poco dinero y es un lugar bonito.

—Buena idea; yo siempre _____ en esa cafetería.

2. Una conversación con el médico (**acostarse, despertarse, dormir, dormirse, entender**)

1 —¿A qué hora _*duermes*_ Ud. por la noche normalmente? *se acuesta*

2 —A la una y media.

3 —¡Qué tarde! ¿Y a qué hora _*despertes*_? *se despierta*

4 —*Me despierto* a las siete.

5 —¡Cinco horas y media! ¿No ~~*entiendes*~~ Ud. en la oficina? *se duerme*

6 —No, pero yo _*entiendo*_ la siesta todos los días. *duermo*

7 —Ah, ahora ~~*dormimos*~~. En mi casa, nosotros también _*dormimos*_ la

  siesta. *entiendo*

Actividad 9: El detective. The detective is still watching the woman. Today is very boring because the woman isn't leaving her apartment and the detective has to watch everything through the windows. Write what the detective says into his microphone, including the time and the activity in progress. Use the verb **estar** + *present participle* (**-ando, -iendo**) to describe the activity in progress.

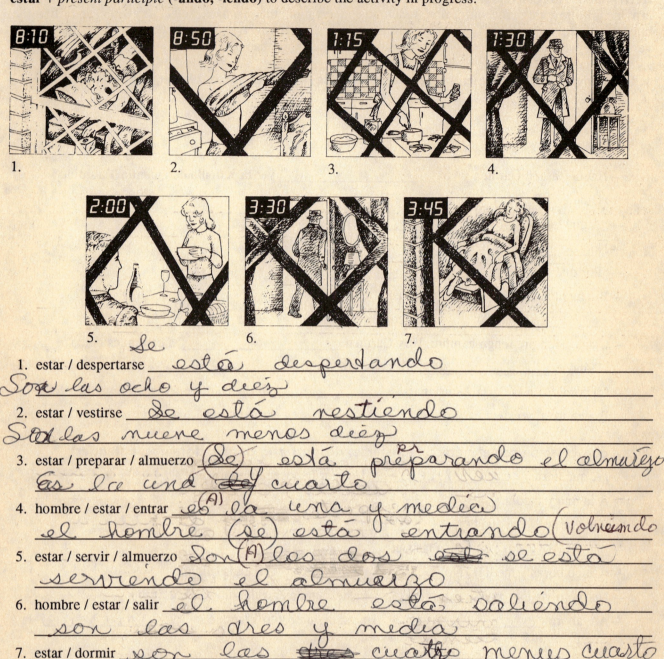

1. 2. 3. 4.

5. 6. 7.

1. estar / despertarse _Se está despertando_

(A) _Son las ocho y diez_

2. estar / vestirse _Se está vistiendo_

(A) _Son las nueve menos diez_

3. estar / preparar / almuerzo _(Se) está preparando el almuerzo_
Es la una y cuarto

4. hombre / estar / entrar _es (A) la una y media_
el hombre (se) está entrando (volviendo

5. estar / servir / almuerzo _Son (A) las dos se está_
sirviendo el almuerzo

6. hombre / estar / salir _el hombre está saliendo_
son las tres y media

7. estar / dormir _son las cuatro menos cuarto_
se está durmiendo

Actividad 10: Un día normal. You are going to explain university life to a high-school senior who will be attending your university next year. Use the impersonal **se (se estudia mucho)** and the passive **se (se compran libros en la librería)** in your descriptions. Some ideas include:

PV   PN

- comer buenas hamburguesas
- bailar
- comprar discos compactos a buen precio
- ver muchas películas
- cerrar la biblioteca
- estudiar mucho/poco

Cuando se vive en la universidad _se ven muchas películas_
se come buenas hamburguesas
se compran discos compactos a buen precio
se estudia mucho
_____
_____

PRÁCTICA MECÁNICA II

Actividad 11: La ropa. Identify the clothing items in this drawing.

1. el suéter
   la blusa
2. de manga larga

3. la falda

4. el sombrero
5. la corbata
6. la camisa
7. el traje saco
8. el abrigo
9. los pantalones
10. los zapatos

Actividad 12: En orden lógico. Put the following words in logical order to form sentences. Make all necessary changes.

1. tener / suéter / ella / de / azul / lana / mi _ella tiene me suéter azul de lana_

2. camisas / el / para / comprar / yo / verano / ir a / algodón / de _(yo) Voy a comprar comisas de algodón para el verano_

3. gustar / rojo / me / pantalones / tus _me gustan tus pantalones rojo_

Actividad 13: *Por* o *para*. Complete the following sentences with **por** or **para**.

1. La blusa es _para_ mi madre. Mañana es su cumpleaños. _(purpose)_

2. Salimos el sábado _para_ Lima. _(reason)_ _Motion toward_

3. Voy a vivir en la universidad _por_ dos años más. _(duration)_

4. Álvaro estudia _por_ abogado. _para (purpose)_

5. Ahora Carlos trabaja los sábados _por_ la noche.

6. Vamos a Costa Rica _por_ dos semanas. _(duration)_

7. No me gusta ser camarero pero trabajo _por_ tener dinero. _para (purpose)_

8. Tenemos que leer la novela _para_ mañana. _(destination)_

Actividad 14: *Ser* o *estar*. Complete the following sentences with the appropriate form of **ser** or **estar**.

1. Tu camisa _es de_ de algodón, ¿no?

2. Mis padres _están_ en Paraguay. _location_

3. ¿De dónde _son de_ tus zapatos?

4. ¿Dónde _están_ tus zapatos?

5. El concierto _es_ en el Teatro Colón.

6. Tus libros _son_ en la biblioteca. _están_

7. ¿Dónde _es_ la fiesta? _- event_

8. ¿Dónde _está_ Daniel?

9. Daniel _es_ de Cuba, ¿no?

10. ¿_Son_ de plástico o de vidrio tus gafas de sol?

from where   _plural_   _event can't "touch"_ _lecture_

PRÁCTICA COMUNICATIVA II

Actividad 15: La importación.   Answer the following questions in complete sentences based on the clothes you are wearing.

1. ¿De dónde es tu camisa? _Mi camisa es de París_
   _____

2. ¿De qué material es? _Mi camisa es de seda_

3. ¿Son de los Estados Unidos tus pantalones favoritos? _Sí mí pantalones son de los Estados Unidos_

4. ¿De dónde son tus zapatos? _Mi(s) zapatos son de Mexico_
   _____

5. ¿Son de cuero? _Sí son de cuero_

Actividad 16: Descripción.   Look at the accompanying drawing and describe what the people in it are wearing. Use complete sentences and be specific. Include information about colors and fabrics.

_____
_____
_____
_____
_____

Actividad 17: Tu ropa. Using complete sentences, describe what you normally wear to class.

_____

_____

_____

Actividad 18: ¿Dónde están? Read the following miniconversations and complete the sentences with an appropriate verb. Afterward, tell where each conversation is taking place.

1. —¿A qué hora _____ la película, por favor?

   —A las nueve y cuarto.

   ¿Dónde están? _____

2. —¿Cuánto _____ la habitación?

   —2.000 pesetas.

   —¿Tiene dos camas o una cama?

   —Dos.

   ¿Dónde están? _____

3. —¿Qué hora es?

   —_____ las dos y media.

   —¿Siempre _____ aquí?

   —Sí, es un lugar excelente para comer.

   ¿Dónde están? _____

4. —¿Aló?

   —Hola, Roberto. _____ hablar con tu padre.

   —Está _____ en el sofá.

   —Bueno. Voy a llamar más tarde.

   ¿Dónde están Roberto y su padre? _____

Actividad 19: Los viajes. All of the following people are currently traveling. Say where they are from and imagine where they are right now. Use complete sentences.

1. La princesa Diana _es de Englantera esta en_

   _____

2. Brad Pitt _____

3. Tus padres _son de Michujan estan en Florida_

4. Julio Iglesias _es de Spania esta en Mexico_

Actividad 20: ¡A comprar!   Complete the following conversation between a store clerk and a customer, who is looking for a gift for his girlfriend.

CLIENTE   Buenos días.

VENDEDORA   ¿En qué _____ servirle?

CLIENTE   Me gustaría ver una blusa.

VENDEDORA   ¿_____ quién?

CLIENTE   _____ mi novia. Es que ella _____

                   _____ Ecuador y yo salgo _____ Quito mañana.

VENDEDORA   Muy _____. ¿De qué color?

CLIENTE   _____, _____ o _____.

VENDEDORA   Aquí tiene blusas.

CLIENTE   ¿Son de _____?

VENDEDORA   Ésta es de algodón, _____ las otras _____

                   _____ seda.

CLIENTE   No, no quiero una de algodón, _____ una blusa de seda.

VENDEDORA   ¿_____?

CLIENTE   Creo que es un 36.

VENDEDORA   Bien, 36. Aquí están. Son muy _____.

CLIENTE   ¡Ay! Éstas sí. Me gustan mucho.

VENDEDORA   Y _____ solamente 10.000 pesetas. ¿Cuál quiere?

CLIENTE   Quiero la blusa _____.

VENDEDORA   Es un color muy bonito.

CLIENTE   También necesito una corbata _____ mí.

VENDEDORA   ¿Con rayas o de un solo color? ¿De qué material?

CLIENTE   Todas mis corbatas son de _____. Es que tengo muchas de rayas.

                   Creo que quiero una azul claro.

VENDEDORA   Aquí hay _____ que _____ muy elegante.

CLIENTE   Perfecto.

VENDEDORA   ¿Cómo va a _____?

CLIENTE   Con la tarjeta Visa.

VENDEDORA   Si la talla no le queda _____ a su novia, yo siempre estoy aquí

                   _____ las tardes.

CLIENTE   Muchas gracias.

Predicting helps activate background knowledge which aids you in forming hypotheses before you read. As you read, you confirm or reject these hypotheses based on the information given. As you reject them, you form new ones and the process of deciphering written material continues.

Actividad 21: Predicción.   Don't read the entire ad; just look at the title and format to make two predictions about its content. You may write in English.

1. _____

2. _____

Before reading the ad, list some common problems that parents have with young children. You may write in English.

_____

_____

| Ricardo Gómez | Pepito Cano | Ana Jiménez | Mariana López | Rafi Gris |

Manuel Bert · Javi Alba · Marina Fidalgo

Gema Campos · Sarita Tamames · Viqui Ruiz

PERDÓN MAMÁ

¿Sus hijos son un desastre? ¿Siempre pierden cosas? No hablo de bolígrafos, cuadernos y lápices, sino de guantes, cinturones, zapatos de tenis y hasta abrigos. ¿Le cuesta un ojo de la cara comprar prendas nuevas? Ahora Ud. puede dormir con tranquilidad. Su solución es **Cintas Bordadas IMAK.** Con nuestras cintas puede marcar la ropa de sus niños con sus nombres. Así no hay confusión. Los niños no van a ponerse la ropa de otros después de la clase de gimnasia, y de esta manera empiezan a ser más responsables.

IMAK entiende su problema
IMAK encuentra soluciones

Para pedir: Llame al 546 8908

| Sonia Montero | Pablo Núñez | Irma Zapata | Paquito Jacinto | Jorgito Smith |

Actividad 22: El anuncio.   Answer the following questions based on the ad.

1. ¿A quién está dirigido el anuncio?

   a. madres   b. padres   c. niños   (d.) padres y madres

2. ¿Cuál es el problema? _Niños siempre están perdiendo_ _cosas_

3. ¿Cuál es la solución? _La solución son unas cintas_
está _puediendo marca la ropa de_ _los niños con sus nombres_

our sons & daughters are a disaster always
looseng their things Dont have pens,
paint & pencils

Capítulo 7

PRÁCTICA MECÁNICA I

Actividad 1: En el hotel.   Complete the following sentences with the logical words.

1. Una habitación para una persona es _____.

2. Una habitación para dos personas es _____.

3. La persona que limpia *(cleans)* el hotel es _____.

4. La persona que trabaja en recepción es _____.

5. Una habitación con desayuno y una comida es _____.

6. Una habitación con todas las comidas es _____.

Actividad 2: Hablando por teléfono.   Match the sentences in Column A with the logical responses from Column B.

A

1. _____ ¿Aló?

2. _____ ¿De parte de quién?

3. _____ 233-44-54.

4. _____ Operadora internacional, buenos días.

5. _____ Quisiera hacer una llamada persona a persona.

6. _____ Quisiera hacer una llamada a cobro revertido.

7. _____ Información, buenos días.

8. _____ No estamos ahora mismo. Puede dejar un mensaje después del tono.

B

a. Tiene Ud. un número equivocado.

b. ¿Para hablar con quién?

c. Buenos días, ¿está Tomás?

d. ¿Cómo se llama Ud.?

e. Quisiera el número del cine Rex, en la calle Luna.

f. Quisiera hacer una llamada a Panamá.

g. No me gusta hablar con máquinas. Te veo esta tarde.

h. ¿Para pagar Ud.?

i. De parte de Félix.

Actividad 3: Los verbos en el pasado. Complete the following sentences with the appropriate preterit form of the indicated verbs.

1. ¿Dónde _____pusiste_____ tú las cartas? (poner) *you put*
2. Ayer yo no _____pude_____ ver a mi amigo. (poder) *I did not see*
3. ¿A qué hora _____comenzó_____ ayer el concierto? (comenzar) *you came*
4. La semana pasada la policía _____supo_____ la verdad. (saber) *he knew*
5. Nosotros _____trajimos_____ la cerveza. (traer) *We brought*
6. ¿Por qué no _____vinieron_____ los padres de Ramón? (venir) *they came*
7. La profesora _____repitió_____ las preguntas dos veces. (repetir) *she repeated*
8. Yo no _____tuve_____ tiempo. (tener) *I do not have time*
9. Martín _____leyó_____ la carta que Paco le _____escribió_____ a Carmen. (leer, escribir) *he read* *he wrote*

I want to go
10. Yo le _____pedí_____ a José el número de teléfono de Beatriz. (pedir) *Him* *I asked to Jose*
11. Yo _____quise_____ ir, pero no _____pude_____. (querer, poder) *not able I*
12. La compañía _____construyó_____ unas oficinas nuevas en la calle Lope de Rueda. (construir)
Did you hear
13. Ellos no nos _____dijeron_____ la verdad ayer. (decir) *They did not tell*
14. ¿_____oíste_____ tú que _____se murió_____ el padre de Raúl? (oír, morirse)
15. Anoche Gonzalo _____durmió_____ en su carro. (dormir) *he died*
he sleep

Actividad 4: ¿Cuánto tiempo hace? Answer the following questions in complete sentences, using the construction **hace** + *time expression* + **que** + *verb in the preterit*.

1. ¿Cuánto tiempo hace que empezaste la universidad? Hace tres años que empecé a la universidad
2. ¿Cuánto tiempo hace que terminaste la escuela secundaria? hace treinta años que terminé la escuela secundaria
3. ¿Cuánto tiempo hace que visitaste a tus abuelos? hace quince años que visité a mis abuelos
4. ¿A qué hora desayunaste? Me desayune a las siete hace -
5. ¿Cuándo escuchaste las cintas para la clase de español? hace cuatro semanas que escuché las cintas

some\any ~~~~~~

Actividad 5: Negativos. Complete the following sentences with **algún, alguno, alguna, algunos,** **algunas, ningún, ninguno,** or **ninguna.** *none\no one*

not any

1. No tengo ___*ninguna*___ clase interesante.

2. —¿Cuántos estudiantes vinieron anoche? *(came)*

   —No vino ___*ninguno*___. *nadie*

3. ¿Tienes ___*algún*___ libro de economía?

4. Necesitamos ___*algunos*___ discos de salsa para la fiesta. *some*

5. ¿Discos de salsa? Sí, creo que tengo ___*algunos*___.

PRÁCTICA COMUNICATIVA I

Actividad 6: En el hotel. Complete the following conversation between a guest and a hotel receptionist. First, read the entire conversation. Then, go back and complete it appropriately.

RECEPCIONISTA   Buenos días. ¿_____ puedo servirle?

HUÉSPED   Necesito una _____.

RECEPCIONISTA   ¿Con una o dos camas?

HUÉSPED   Dos, por favor.

RECEPCIONISTA   ¿_____?

HUÉSPED   Con baño.

RECEPCIONISTA   ¿_____?

HUÉSPED   Con media pensión.

RECEPCIONISTA   Bien, una habitación doble con baño y media pensión.

HUÉSPED   ¿_____?

RECEPCIONISTA   7.900 pesetas. ¿_____?

HUÉSPED   Vamos a estar tres noches.

RECEPCIONISTA   Bien. Su habitación es la 24.

Actividad 7: La vida universitaria. In complete sentences, answer the following survey questions from a student newspaper.

Past you   *I past*

1. ¿Cuántas horas durmió Ud. anoche? *Dormí siete horas anoche*

   _____

2. ¿Cuándo fue la última vez que mintió? *Yo mentí nunca*

   _____*(hace una semana)*_____

3. ¿Estudió Ud. mucho o poco para su último examen? *Estudé mucho*

   *para mi último examen*te _____

sacar   grade got   **Saqué**

4. ¿Qué nota sacó en su último examen? *Saté una B en mi*
último examen

5. ¿Cuánto tiempo hace que fue Ud. a una fiesta de cumpleaños? *hace*
(tres) meses que fuí a una fiesta

Sé 6. La última vez que salió de la universidad por un fin de semana, ¿llevó Ud. los libros? _____
llevé mis libros
        los

7. ¿Cuánto tiempo hace que leyó una novela para divertirse? *Hace mucho*
No me gusta los años que leí ...

8. ¿Comió Ud. bien anoche o comió mal (papas fritas, Coca-Cola, etc.)? _____
Comí bien anoche

Actividad 8: Las obligaciones. In Column A of the accompanying chart, list three things you had to do and did do yesterday (**tuve que**). In Column B, list three things you wanted to do but couldn't (**quise**). In Column C, list three things you have to do tomorrow (**tengo que**). Use complete sentences.

A	B	C

Actividad 9: La lista de compras. Use affirmative and negative words, such as **ningún, algún, ninguna,** and so on, to complete the following note to Pilar from her roommate.

Pilar:

     Por favor, sólo hay dos Coca-Colas; ¿puedes comprar más? Busqué y no encontré

_____ toalla. Si tienes tiempo, favor de lavarlas. Voy a ir al supermercado esta tarde

para comprar _____ cosas; si quieres algo en especial, voy a estar en la oficina y no hay

_____ problema, puedes llamarme allí. Otra cosa, fui a poner un disco compacto de

Mecano en el estéreo y no encontré _____. Sé que tenemos _____

discos compactos de ellos; ¿dónde están?

                           Camila

P.D. Van a venir _____ amigos esta noche para estudiar.

PRÁCTICA MECÁNICA II

Actividad 10: *Lo, la, los, las.* Rewrite the following sentences, replacing the direct object with the appropriate direct-object pronoun.

1. No veo a Juan. _No lo ~~veo~~ Vi~~❌~~_
2. No tenemos los libros. _No los tenemos ~~los la~~_
3. Elisa está comprando comida. _la está ~~compró~~ comida_
   she is buying the meal
4. No conoció a tu padre. _No lo conocí (O)_
5. Juan y Nuria no trajeron a sus primos. _Juan a Nuria no los trajeron_
   Bring
6. Vamos a comprar papas fritas. _las compraron ~~~~_
   las vamos a comprar

Actividad 11: De otra manera. Rewrite the following sentences in a different manner without changing their meaning. Make all necessary changes.

1. Tengo que comprarlos. _los tengo que comprar_
2. Te estoy invitando a la fiesta. _Estoy invitándote a la fiesta_
   _____
3. Lo estamos escribiendo. _estamos escribiéndolo_
4. Van a vernos mañana. _Nos van a ver mañana_

Actividad 12: Pronombres de los complementos directos. Answer the following questions in complete sentences, using direct-object pronouns.

1. ¿Me quieres? _Sí te quiero_   (you) I LOVE   (present)
2. ¿Vas a traer las cintas? _No las voy a traer._
3. ¿Nos estás invitando? _Los estoy invitando_   _I am inviting them_
   them you inviting
4. ¿Llevas la grabadora? _Sí la llevo_   Yes el took it.
   you
5. ¿Compraste la pasta de dientes? _Sí la compré_   Bringing

Actividad 13: ¿Presente o pretérito? Answer the following questions in complete sentences, using either the present or the preterit.

1. ¿Cuánto tiempo hace que estudias español? _____
   _____
2. ¿Cuánto tiempo hace que comiste? _____
   _____
3. ¿Cuánto tiempo hace que viven Uds. aquí? _____
   _____

4. ¿Cuánto tiempo hace que nos estás esperando? _____

_____

5. ¿Cuánto tiempo hace que asistes a esta universidad? _____

_____

PRÁCTICA COMUNICATIVA II

Actividad 14: El itinerario.   You work at a travel agency. Refer to the accompanying itinerary to answer
the questions from the agency's clients. Use complete sentences.

ITINERARIO DE VUELOS

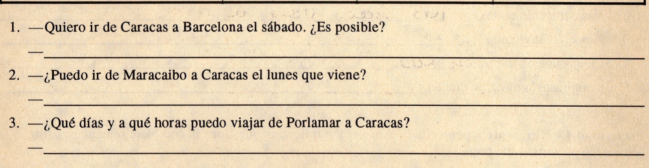

DESDE CARACAS	Nº de Vuelo	Hora	Día
Caracas/Maracaibo	620	7:00	miércoles/sábado
Caracas/Porlamar	600	21:00	viernes/domingo
Caracas/Barcelona/Pto. La Cruz	610	16:55	viernes
Caracas/Barcelona/Pto. La Cruz	614	21:00	viernes
HACIA CARACAS	Nº de Vuelo	Hora	Día
Maracaibo/Caracas	621	19:00	miércoles/sábado
Porlamar/Caracas	601	22:25	viernes/domingo
Barcelona/Caracas	611	18:20	viernes
Barcelona/Caracas	615	22:25	viernes

1. —Quiero ir de Caracas a Barcelona el sábado. ¿Es posible?

_____

2. —¿Puedo ir de Maracaibo a Caracas el lunes que viene?

_____

3. —¿Qué días y a qué horas puedo viajar de Porlamar a Caracas?

_____

_____

Actividad 15: Información. Give or ask for flight information based on the accompanying arrival and departure boards from the international airport in Caracas. Use complete sentences.

Llegadas internacionales

Línea aérea	Número de vuelo	Procedencia	Hora de llegada	Comentarios
Iberia	952	Lima	09:50	a tiempo
VIASA	354	Santo Domingo	10:29	11:05
LAN Chile	988	Santiago/Mami	12:45	a tiempo
Lacsa	904	México/N.Y.	14:00	14:35

Salidas internacionales

Línea aérea	Número de vuelo	Destino	Hora de salida	Comentarios	Puerta
TWA	750	San Juan	10:55	11:15	2
Avianca	615	Bogotá	11:40	a tiempo	3
VIASA	357	Miami/N.Y.	14:20	a tiempo	7
Aeroméxico	511	México	15:00	16:05	9

1. —Información.

    —¿_____?

    —Llega a las 12:45.

    —¿_____?

    —No, llega a tiempo.

2. —Información.

    —Quisiera saber si hay retraso con el vuelo de VIASA a Miami.

    —_____

    —¿A qué hora sale y de qué puerta?

    —_____

    —Por favor, una pregunta más. ¿Cuál es el número del vuelo?

    —_____

    —Gracias.

    —_____

Actividad 16: La respuesta apropiada. Construct a logical dialogue by selecting the correct options.

CLIENTE   Quiero ver estas blusas pero en azul.

VENDEDORA   a. ☐ Aquí los tienes.

             b. ☐ No las tenemos en azul.

             c. ☐ No la tengo.

CLIENTE   a. ☐ Entonces, en otro color.

             b. ☐ Pues, deseo verlo en rosado.

             c. ☐ Bueno, si no hay en otro color, quiero azul.

VENDEDORA   a. ☐ Las tengo en color rosado.

             b. ☐ Voy a ver si los tengo en amarillo.

             c. ☐ Sí, hay mucha.

CLIENTE   a. ☐ Éste es muy elegante. Lo llevo.

             b. ☐ No me gusta éste. Lo siento.

             c. ☐ Ésta es muy bonita. La voy a llevar.

VENDEDORA   a. ☐ ¿La va a pagar?

             b. ☐ ¿Cómo va a pagarla?

             c. ☐ ¿Cómo va a pagarlas?

CLIENTE   a. ☐ Las pago con la tarjeta de crédito.

             b. ☐ La pago con la tarjeta Visa.

             c. ☐ No, no voy a pagarla.

Actividad 17: Las definiciones. Write definitions for the following objects without naming the objects themselves. To do this, you will need to use direct-object pronouns, as shown in the example. Remember that the word *it* is never expressed as a subject in Spanish.

> libros   *Los compramos para las clases. Los usamos cuando estudiamos. Tienen mucha información. Son de papel. Los leo todas las noches. Me gustan mucho.*

1. computadora _las compramos para trabajar_

plastico metal

las uso

2. pantalones _____

_____

_____

_____

_____

Actividad 18: Número equivocado.   Complete the following conversations that Camila has as she tries to reach her friend Imelda by telephone.

1. SEÑORA   ¿Aló?

   CAMILA   ¿_____ Imelda?

   SEÑORA   No, _____.

   CAMILA   ¿No es el 4-49-00-35?

   SEÑORA   Sí, pero _____.

2. OPERADORA Información.

   CAMILA   _____ Imelda García Arias.

   OPERADORA El número es 8-34-88-75.

   CAMILA   _____.

3. SEÑOR   ¿_____?

   CAMILA   ¿_____?

   SEÑOR   Sí, ¿_____?

   CAMILA   _____ Camila.

   SEÑOR   Un momento. Ahora viene.

Actividad 19: Los descuentos. Complete the following items based on the accompanying information that AT&T provides for its Spanish-speaking customers.

EL PLAN <u>REACH OUT</u> AMÉRICA.

■■ **Horas incluidas en el plan <u>Reach Out</u> América con el descuento.**

La tarifa por una hora de uso cubre las llamadas marcadas directamente de estado a estado con la Larga Distancia de AT&T, todo el fin de semana desde el viernes a las 10 p.m. hasta las 5 p.m. del domingo, y de domingo a viernes desde las 10 p.m. hasta las 8 a.m. Aunque las llamadas hechas durante el horario de la tarde (domingo a viernes de 5 p.m. a 10 p.m.) no están incluidas en la tarifa por hora del plan, usted recibirá un descuento adicional del 15% sobre la tarifa <u>ya reducida</u>, en todas las llamadas hechas con AT&T durante dicho horario.

■ **Horas incluidas en el plan <u>Reach Out</u> América sin el descuento.**

Si usted llama generalmente por las noches o los fines de semana, puede suscribirse al plan "Reach Out" América, por sólo $8.00 al mes. Esta tarifa por una hora de uso cubre las llamadas marcadas directamente de estado a estado con la Larga Distancia de AT&T, todo el fin de semana desde las 10 p.m. del viernes hasta las 5 p.m. del domingo, y de domingo a viernes desde las 10 p.m. hasta las 8 a.m. Este precio incluye todas las ventajas del plan, menos el descuento adicional del 15% en sus llamadas hechas durante el horario de la tarde.

---

1. Imagina que tienes el plan "Reach Out" América con el descuento. Quieres hacer unas llamadas de tu estado a otro estado durante las siguientes horas. Marca **a** si puedes usar el plan durante esa hora, **b** si no puedes usar el plan pero recibes un descuento del quince por ciento y **c** si no puedes usar el plan y no recibes un descuento.

   ▶ _*a*_ lunes, 7:30   ____ sábado, 10:30

   ____ martes, 14:30   ____ domingo, 18:00

   ____ miércoles, 23:00   ____ jueves, 17:30

2. ¿Cuánto cuesta hablar por una hora con el plan "Reach Out" América durante el horario cubierto por el plan? _____

   _____

3. ¿Con el plan "Reach Out" América puedes llamar a través del/de la operador/a o hay que marcar directamente? _____

   _____

Actividad 20: ¿Cuánto tiempo hace que …? Look at this portion of Mario Huidobro's résumé. Complete the questions with the appropriate forms of the verbs **trabajar, tocar, vender,** or **terminar.** Remember: use **hace** + *time period* + *present tense* to refer to actions that started in the past and continue to the present; use **hace** + *time period* + *preterit tense* to refer to an action that no longer goes on.

Guadalajara, de 1986 a 1990: estudiante universitario y reportero para el *Diario*
Querétaro, de 1990 al presente: pianista profesional
Querétaro, de 1990 al presente: vendedor de computadoras para IBM

AGO

1. ¿Cuánto tiempo hace que Mario ~~trabajaste~~ *trabajó* como reportero?   *he (past)*
   hace cinco ~~seis~~ *años que trabajó como reportero*

2. ¿Cuánto tiempo hace que Mario *toca* el piano profesionalmente?   *(present)*
   hace cinco ~~seis~~ *años que toca el piano*

3. ¿Cuánto tiempo hace que Mario *terminó* sus estudios universitarios?   *(past)*
   hace cinco ~~seis~~ *años que terminó sus*

4. ¿Cuánto tiempo hace que Mario *vende* computadoras para IBM?
   hace seis años que vende computadoras
   Has been selling them for 6 years   *las vende*

Actividad 21: Una conversación. Read this conversation between two friends who haven't seen each other in a long time. After reading it, go back and fill in each missing word with a logical verb from the list in the appropriate tense.

dar	estar	mentir	trabajar
decir	explicar	pedir	ver
escribir	ir	ser	

MARTA   Hace ocho años que te *vi* por última vez. ¿Cómo estás?

ANTONIO   Bien. ¿Todavía *trabajas* en el banco?   *do you still work*

MARTA   No, te *escribí* una carta hace dos años y te *expliqué*
           to you I wrote   *" " I make 2 years + I explained to you*
           todo.

ANTONIO   Ah sí, tú les *pediste* un cambio de oficina a tus jefes.

MARTA   Exacto. Entonces me *dijeron* que sí, pero nunca me
           dieron una oficina nueva.

ANTONIO   Así que ellos te *mintieron*

MARTA   Sí, y yo *fue* a trabajar en una compañía de electrónica.

ANTONIO   ¿ *Estás* contenta ahora?   *are you content now*

MARTA   Muy contenta. El trabajo *es* maravilloso.

Estrategia de lectura: Headers and subcategories

To better understand a reading, headers and subcategories can help you get an idea of its general organization.

Actividad 22: Editando.   Imagine that you work for a newspaper and were given the following text to edit. You are presented with the main theme of the article **"España: Una historia variada,"** but you would like to add subcategories to better help your readers relate to the article. As you read, fill in the blanks between the paragraphs with an appropriate subcategory heading for each section.

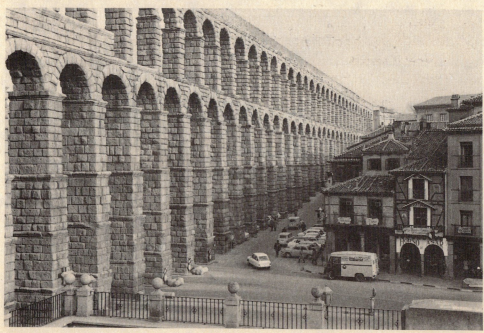

NOMBRE _____   FECHA _____

España: Una historia variada

El estudio de las diferentes civilizaciones que vivieron en España nos ayuda a entender a los españoles; también nos ayuda a comprender a los habitantes de todos los países hispanoamericanos porque estos países recibieron, de algún modo, influencias de la "madre patria".

I. _____

Una de las culturas que más influyó en España fue la cultura romana. Durante seis siglos, II a.C.–V d.C.,[1] España fue la provincia más importante del Imperio Romano. Los romanos introdujeron la base del sistema educativo actual: escuela primaria, secundaria y escuelas profesionales. Su influencia fue muy importante además en la lengua y la religión: más o menos el 70% del idioma español proviene de su lengua, el latín, y los romanos también llevaron a España la religión cristiana. Los romanos construyeron anfiteatros y puentes, como el puente de Salamanca, que todavía se usa. Construyeron además acueductos como el acueducto de Segovia, que se hizo hace dos mil años y se usó hasta mediados de los años setenta de este siglo.

II. _____

Otra influencia importante en España fue la de los moros, árabes del norte de África, que vivieron principalmente en el sur de España por unos ocho siglos (711–1492). Ellos llevaron a España el concepto del cero, el álgebra y su idioma, el árabe, que también influyó en el español. Esta influencia se ve en palabras como **alcohol, álgebra** y **algodón.** Los moros fundaron ciudades esplendorosas como Granada y Córdoba. En ésta última, instalaron la primera escuela de científicos donde se hizo cirugía cerebral. Los moros dejaron en España algo más: el aspecto físico que tienen muchos españoles, en especial los que viven en el sur (morenos de pelo negro).

III. _____

En 1492 los Reyes Católicos (Fernando de Aragón e Isabel de Castilla) lograron expulsar[2] a los moros de España y unificaron el país política y religiosamente. Al terminar la guerra con los moros, los reyes pudieron utilizar el dinero de España para financiar los viajes de los conquistadores al Nuevo Mundo, empezando con el viaje de Cristóbal Colón. Los viajes de Colón iniciaron una época de exploración y dominación española en el Nuevo Mundo y, al extender su poder por América, los españoles transmitieron el idioma español, su cultura y la religión cristiana.

---

[1] **a.C.** = *antes de Cristo;* **d.C.** = *después de Cristo*   [2] **lograron ...** *managed to expel*

Actividad 23: Completa la historia.   After reading the article, complete the following sentences using the information from the reading. There may be more than one possible response.

1. Para los países hispanoamericanos, la "madre patria" es _____.

2. Algo importante que introdujeron los romanos fue _____.

3. Los moros vivieron en España por casi _____ años.

4. Una de las ciudades fundadas por los moros fue _____.

5. Los Reyes Católicos _____.

6. Los conquistadores _____.

Capítulo 8

PRÁCTICA MECÁNICA I

Actividad 1: La primera actividad.   Complete each sentence with the appropriate ordinal number.

1. Ellos viven en el _____ piso. (2)
2. Ricardo llegó en _____ lugar. (3)
3. María fue la _____ persona en recibir su dinero. (5)
4. Ana terminó (de) _____. (7)
5. Perú ganó el _____ premio. (4)
6. Carlos llegó (de) _____. (3)
7. Necesito estudiar _____; después puedo salir. (1)
8. Compraron un apartamento en el _____ piso y pueden ver toda la ciudad. (9)
9. Guillermo fue el _____ hijo de su familia que terminó la universidad. (1)
10. Ésta es la _____ oración. (10)

Actividad 2: La casa.   Associate the following activities with the rooms of a house. Remember to include the definite articles in your answers.

1. preparar la comida _____
2. ver la televisión _____
3. dormir _____
4. comer _____
5. ducharse _____
6. vestirse _____

Actividad 3: Buscando.   Miguel is looking for an apartment. Finish the following sentences with the appropriate subjunctive form of the indicated verbs.

1. Busco un apartamento que _____ cerca del trabajo. (estar)
2. No me gusta subir escaleras; por eso necesito un apartamento que _____
   ascensor. (tener)
3. Necesito estudiar; por eso, busco un apartamento que _____ tranquilo. (ser)
4. Tengo muchas plantas. Quiero un apartmento que _____ balcón. (tener)
5. No tengo mucho dinero; por eso, busco un apartamento que _____ poco. (costar)

Actividad 4: ¿Subjuntivo o indicativo? Complete the following sentences with the appropriate indicative or subjunctive form of the indicated verbs.

1. Mi novio conoce a una secretaria que _____ noventa palabras por minuto. (escribir)

2. Quiero un novio que _____ inteligente. (ser)

3. Mi jefe necesita un recepcionista que _____ hablar italiano. (saber)

4. Voy a estar en un hotel que _____ cuatro piscinas. (tener)

5. Necesitamos un carro que _____ nuevo. (ser)

6. Quiero un esposo que _____ bien. (bailar)

7. No veo a nadie que nos _____ ayudar. (poder)

8. Necesito una clase que _____ a la una. (empezar)

9. Tengo una profesora que no _____ exámenes. (dar)

10. Tenemos una revista que _____ el accidente. (explicar)

11. Busco un trabajo que _____ bien. (pagar)

12. Necesito un vendedor que _____ en Caracas. (vivir)

13. No conozco a nadie que _____ un Mercedes Benz. (tener)

14. En la librería tienen un libro de arte que yo _____ a comprar. (ir)

15. No hay ningún carro aquí que me _____. (gustar)

PRÁCTICA COMUNICATIVA I

Actividad 5: ¿En qué piso? Look at the mailboxes of this apartment building and answer the following questions as if you were the building's **portero.** Use complete sentences.

101 Martín	301 Pascual	501 Robles
201 Lerma	401 Cano	601 Fuentes

1. ¿En qué piso vive la familia Robles? _____

_____

2. ¿En qué piso vive Pepe Cano? _____

_____

3. ¿Sabe Ud. en qué piso viven los señores Martín? _____

_____

4. La Srta. Pascual vive en el sexto piso, ¿no? _____

_____

Actividad 6: El apartamento perfecto.   Next year you will be looking for an apartment. Describe the perfect apartment for yourself. Be specific: how many rooms, what they will be like, how much the apartment will cost, where it will be, etc.

Voy a buscar un apartamento que _____

_____

_____

_____

_____

Actividad 7: Habitación libre.   You are looking for a roommate. Write an ad describing the perfect person.

Busco un/a compañero/a que _____

_____

_____

_____

_____

Actividad 8: Una clase fácil.   You have a very difficult semester ahead of you, but you need three more credits. You must find the perfect class: one that will be interesting but will make few demands on your time. Your roommate always manages to find the "easy" classes, so write a note to him/her describing the class you are looking for.

Necesito una clase fácil con un profesor que _____

_____

_____

_____

_____

Actividad 9: Los anuncios personales.   One of your friends is very lonely and has been thinking of writing a personal ad. Because you are funny and can write well, he asked you to write it for him. First, describe your friend (indicative), and then describe the kind of woman he is looking for (subjunctive).

_____

_____

_____

_____

_____

Actividad 10: La casa. State in what rooms you would find the following furniture, appliances, and fixtures. Remember to include the definite article in your answers.

1. sofá _____

2. ducha _____

3. horno _____

4. cama _____

5. estante _____

6. mesa y seis sillas _____

7. lavabo _____

8. nevera _____

9. televisor _____

10. cómoda _____

Actividad 11: La influencia. Jaime has just decided to move to California to get a job. He is getting advice from his friends, who don't let him get a word in edgeways. Complete the conversation with either the infinitive or the appropriate subjunctive form of the indicated verbs.

ANA   Te aconsejo que _____ a Sacramento.   (ir)

MARTA   Quiero que nos _____ una vez al mes.   (llamar)

ANA   Es importante que _____ un carro nuevo antes de ir.   (comprar)

MARTA   Es mejor que _____ por avión.   (viajar)

ANA   Necesitas buscar un empleo que _____ interesante.   (ser)

MARTA   Te prohibimos que _____ a fumar otra vez.   (comenzar)

ANA   Te pido que me _____.   (escribir)

MARTA   Es bueno no _____ la primera oferta de trabajo.   (aceptar)

ANA   Es importante que _____ información sobre apartamentos antes de ir. (tener)

MARTA   Es importantísimo que _____.   (divertirse)

JAIME   Bien, bien … ¿y si decido ir a Colorado?

Actividad 12: ¿*Ya o todavía*? Some time has passed, and Jaime has made a few decisions and done a few things regarding his move to California. Complete the following sentences about Jaime using **ya** or **todavía.**

1. Jaime _____ sabe adónde va a ir: a San Diego.

2. Jaime _____ alquiló un apartamento en San Diego. Lo hizo la semana pasada.

3. No tiene trabajo _____.

4. _____ no tiene que comprar carro, porque su madre le va a dar su carro viejo.

5. _____ tiene que mandarles cartas a las compañías en San Diego para encontrar trabajo.

PRÁCTICA COMUNICATIVA II

Actividad 13: Necesitamos …   You have just rented a semifurnished apartment. Look at the accompanying drawing and complete the note to your future roommate about what furniture and appliances you will need to get.

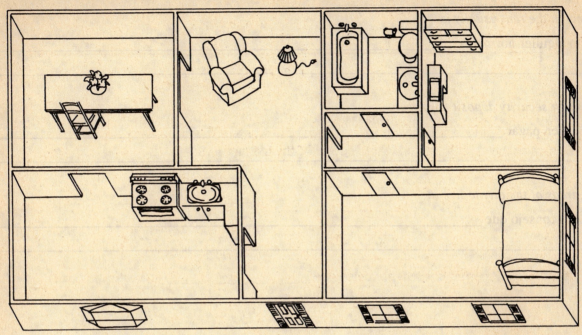

Paco —

En la sala sólo hay _____;

entonces necesitamos _____

_____. En el comedor _____

_____.

Un dormitorio tiene _____ y

el otro _____. Por

eso, necesitamos _____.

Tenemos un problema grande en la cocina: tenemos _____

_____, pero _____

_____.

Podemos hablar más esta noche.

Chau,   **Gonzalo**

Actividad 14: Ayuda. You are talking with two students from Bolivia who are new to your town. Tell them to look for the following things when searching for an apartment.

What type of apartment to look for

1. Deben buscar un apartamento que _____

_____

How much the rent usually is

2. Un alquiler normal _____

_____

How much security deposit to expect

3. Pueden pagar _____

_____

Good areas of the city to live in

4. Les aconsejo que _____

_____

Actividad 15: La grabadora. Answer the following letter written to a consumer-protection agency by completing the agency's response.

Maracaibo, 17 de abril de 1996

Estimados señores:

La semana pasada compré una grabadora. Funcionó por tres días y ahora no funciona. Busqué y no encontré ninguna garantía. Volví a la tienda para devolverla y recibir mi dinero, pero no me lo quisieron dar. Ahora tengo un problema: gasté noventa dólares por una grabadora que no funciona. ¿Qué puedo hacer?

Gracias por su atención,

Raimundo Lerma Zamora
Raimundo Lerma Zamora

Caracas, 20 de abril de 1996

Estimado Sr. Lerma:

Le aconsejamos que _____,

pero es importante que _____

_____. Si todavía tiene problemas, es mejor que

_____

_____.

Atentamente,

Susana Valencia Blanco
Susana Valencia Blanco

Defensa del consumidor

Actividad 16: _Ya/todavía._ Look at the following list and state what things you have already done and what things you still have to do this week.

> ❯ invitar a Juan a la fiesta   _**Ya lo invité.**_
>   o: _**Tengo que invitarlo todavía.**_

1. estudiar para el examen _____

2. comprar pasta de dientes _____

3. escribirle una carta a mi abuelo _____

   _____

4. hablar por teléfono con mis padres _____

   _____

5. ir al laboratorio de español _____

   _____

6. aprender las formas del subjuntivo _____

   _____

7. sacar dinero del banco _____

Actividad 17: Tu hermano menor. Your younger brother is having trouble with drugs, and your parents ask you for some advice. Complete the following list of sentences to help them out. Remember: You are giving advice to your parents, so use the **Uds.** forms of the verbs.

1. Es mejor que Uds. _____.

2. Les aconsejo que Uds. _____.

3. Es bueno que Uds. no _____.

4. Les pido que Uds. _____.

5. Es importante que Uds. _____.

Actividad 18: Estudiante frustrado. Read this letter from a frustrated English student to a group of students who have already taken the course. Then, complete the letter of advice that they give him. After finishing the activity, reread the advice and compare it to what you do.

Queridos ex estudiantes de inglés elemental:

    Tengo un pequeño problema. Me gusta el inglés mucho y estudio muchas horas la noche antes de los exámenes. Memorizo el vocabulario, leo las explicaciones gramaticales y hago toda la tarea en el cuaderno de ejercicios. En los primeros exámenes recibí buenas notas, pero en los últimos tres, mis notas fueron malas. ¿Qué me aconsejan?

                            Estudiante frustrado

Querido estudiante frustrado:

    Primero, es bueno que te _____ estudiar el inglés
                              (gustar)

porque es importante tener una actitud positiva. Tu problema es que

esperas hasta último momento para estudiar. Te aconsejamos que

_____ un poco todos los días. Es mejor que
     (estudiar)

_____ a estudiar el vocabulario el primer día de cada
     (empezar)

capítulo y que lo _____ a estudiar por diez o quince
              (volver)

minutos cada día. También debes _____ el programa de
                        (usar)

computadoras. A nosotros nos gusta mucho porque es rápido y da la

respuesta correcta en un segundo. Es importante _____ con
                             (comenzar)

las actividades de vocabulario y gramática y _____ con las

(terminar)

actividades de lectura (conversaciones y párrafos). También tienes

que _____ la tarea todos los días y no esperar hasta el

(escribir)

último día.

   Cuando estudias a último momento, tienes buena memoria para el

examen, pero después de dos días no sabes mucho. Por eso, te

aconsejamos que _____ un poco todos los días; así vas a

(estudiar)

recibir una nota buena en la clase y vas a poder hablar inglés bien.

Esperamos que _____ buena nota en la clase.

(sacar)

                                    Un abrazo y buena suerte,

                                    Ex estudiantes de inglés elemental

P.D.   Es muy importante que _____ mucho en clase todos los

(hablar)

días.

Estrategia de lectura: Using the Dictionary

When you don't know what a word means, follow this procedure:

1. Skip it if it isn't important.

2. Discern meaning from context.

3. Check and see if it is mentioned again in the reading.

4. Look it up in the dictionary.

Remember: The dictionary should be your last resort or you may become very frustrated trying to look up every single word you do not understand at first glance. See your textbook for information about how to use a dictionary.

Actividad 19: Cognados. As you read this article about open air markets, underline all cognates that you encounter.

Los mercados en el mundo hispano

Si viajas a un país hispano, un lugar interesante para visitar es el mercado al aire libre. Hay muchas clases de mercados: mercados de artesanía, de antigüedades, de comida y también de cosas en general. Algunos de estos mercados son especialmente para turistas y otros son para la gente del lugar. Vas a encontrar mercados que están abiertos todos los días y otros que sólo abren días específicos. 5

En general, se pueden conseguir buenos precios en los mercados y, a veces, se puede inclusive regatear, pero tienes que tener cuidado con el regateo. En algunos lugares el regateo es común: el comerciante espera que el cliente no acepte el primer precio que se le dé, y que haga una contraoferta o pida un precio más bajo. Por otro lado, hay mercados donde no se regatea y si lo haces puedes insultar al comerciante. Para no meter la pata es una buena idea ver 10 qué hace la gente del lugar. Si ellos no regatean, pues entonces es mejor no hacerlo.

Los mercados de artesanía y de comidas más conocidos de Hispanoamérica están en México, Guatemala y Perú. Allí prevalecieron las culturas azteca, maya e incaica y hoy día sus descendientes venden al público la artesanía que aprendieron a hacer de sus antepasados.

En México, Guatemala y Perú están, por ejemplo, los mercados de Oaxaca, 15 Chichicastenango y Huancayo respectivamente, donde la gente local vende telas típicas, hamacas, cerámica, especias y comidas. Para saber si los precios que tienen son buenos o no, es buena idea ir a las tiendas artesanales del gobierno, donde tienen productos similares, para comparar precios.

En la Ciudad de México y en Buenos Aires puedes encontrar mercados con antigüedades 20 como la Lagunilla y el mercado de San Telmo, respectivamente. Allí es posible regatear. Los días más interesantes para ir son los sábados y domingos, cuando hay mucha gente.

Para comprar de todo, existen mercados como el Rastro en Madrid que está abierto todos los domingos. Este mercado es enorme y está dividido en diferentes zonas donde se venden cosas como antigüedades, ropa y artesanía moderna, y hay además una zona para comprar 25 animales domésticos. En ese mercado normalmente no se regatea.

Si estás en un país hispano y quieres saber si hay mercados como los que se mencionan aquí, puedes averiguar en la oficina de turismo local o simplemente preguntarle a alguien del lugar.

Actividad 20: Usa el diccionario. Guesss the meaning of the following words as used in the text you just read. Then confirm your predictions by consulting the accompanying dictionary definitions.

	Guess	Dictionary Definition
1. línea 2: **artesanía**	_____	_____
2. línea 6: **conseguir**	_____	_____
3. línea 10: **meter la pata**	_____	_____
4. línea 13: **prevalecieron**	_____	_____
5. línea 16: **telas**	_____	_____

> **ar·te·sa·ní·a** f. *(habilidad)* craftsmanship;
> *(producto)* crafts.
> **con·se·guir §64** tr. *(obtener)* to obtain;
> *(llegar a hacer)* to attain; *(lograr)* to manage.
> **pa·ta** f. ZOOL. *(pie)* paw, foot; *(pierna)* leg;
> COLL. *(pierna humana)* leg; *(base)* leg <*las
> patas de la mesa* the legs of the table>;
> ORNITH. female duck ◆ **a cuatro patas** on all
> fours • **a p.** COLL. on foot • **estirar la p.** COLL.
> to kick the bucket • **meter la p.** COLL. to put
> one's foot in it • **p. de gallo** crowfoot.
> **pre·va·le·cer §17** intr. *(sobresalir)* to
> prevail; BOT. to take root.
> **te·la** f. *(paño)* fabric; *(membrana)* membrane;
> *(nata)* film; *(de araña)* web; ANAT. film; BOT.
> skin; ARTS *(lienzo)* canvas; *(pintura)* painting
> ◆ **poner en t. de juicio** to call into question •
> **t. adhesiva** adhesive tape • **t. aislante**
> electrical tape • **t. metálica** wire netting.
> **te·lar** m. TEX. loom; *(de puerta)* frame; BKB.
> sewing press ◆ **en el t.** in the making.

Actividad 21: Preguntas. After reading the article, state what advice the author gives tourists about the following topics:

1. el regateo

_____

2. cómo saber si los precios son buenos o malos

_____

3. cuándo ir a la Lagunilla y San Telmo

_____

4. si se puede regatear en el Rastro de Madrid

_____

Capítulo 9

PRÁCTICA MECÁNICA I

Actividad 1: Los pasatiempos.   Match the words and phrases in Column A with those from Column B.

A

1. _____ cuidar plantas
2. _____ el "póker"
3. _____ hacer una blusa
4. _____ mecánico
5. _____ estufa, nevera, comida
6. _____ tres horizontal
7. _____ hacer un suéter
8. _____ Pablo Picasso
9. _____ Donkey Kong, Nintendo
10. _____ dinero

B

a. hacer crucigramas
b. tejer
c. jardinería
d. jugar a las cartas
e. pintar
f. jugar con juegos electrónicos
g. coleccionar monedas
h. cocinar
i. coser
j. arreglar carros

Actividad 2: La mesa y la cocina. Look at the following drawing and label the items. Remember to include the definite article in your answers.

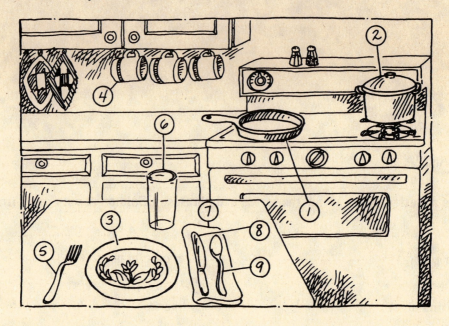

1. _____
2. _____
3. _____
4. _____
5. _____

6. _____
7. _____
8. _____
9. _____

Actividad 3: Por las dudas. Complete the following sentences with the appropriate indicative or subjunctive form of the indicated verbs.

1. Dudo que Laura _____ mañana.   (venir)

2. Es posible que tú _____ crucigramas conmigo.   (hacer)

3. Es evidente que nosotros _____ un problema.   (tener)

4. No es verdad que mi madre _____ mucho.   (coser)

5. ¿Crees que Paco _____ mucho a las cartas?   (jugar)

6. No pienso que Raúl _____ arreglar el carro.   (saber)

7. Es cierto que yo _____ hacerlo.   (poder)

8. El médico cree que tú _____ comer menos.   (deber)

9. Estamos seguros de que el profesor _____ buenas notas.   (dar)

10. Es probable que _____ la carta hoy.   (llegar)

11. Es verdad que Uds. _____ mucho.   (pescar)

12. Quizás mis hermanos _____ venir esta noche.   (querer)

13. Es obvio que la clase _____ a ser difícil.   (ir)

14. No hay duda que tú _____ poesías preciosas.   (escribir)

15. No crees que Jorge _____ aquí en Madrid, ¿verdad?   (estar)

Actividad 4: ¿Cómo?   Write sentences based on the following groups of words. Make any necessary additions or changes.

➤ yo / correr / rápido / clase   *Yo corro rápidamente a clase.*

1. general / ellas / estudiar / biblioteca _____
_____

2. mi / hermanos / hablar / continuo / por / teléfono _____
_____

3. yo / dudar / que / él / venir / inmediato _____
_____

4. ellos / pescar / frecuente _____
_____

5. nosotros / poder / encontrar / trabajo / Caracas / fácil _____
_____

Actividad 5: La hora y la edad.   Answer the following questions in complete sentences.

➤ ¿A qué hora te duchaste?   (7:30)   *Eran las siete y media cuando me duché.*

1. ¿A qué hora te levantaste?   (8:00) _____
_____

2. ¿A qué hora empezaste el examen?   (1:10) _____
_____

3. ¿Cuántos años tenía tu padre cuando se casó?   (25) _____
_____

4. ¿A qué hora llegaste anoche?   (11:00) _____
_____

5. ¿Cuántos años tenías cuando terminaste la escuela secundaria?   (17) _____
_____

Actividad 6: Los pasatiempos. Fill out the following survey to describe what you do in your spare time. Then, fill out the survey again for one of your parents or a friend. Write your initials and the initials of the other person in the appropriate column.

Me/Le gusta:	mucho	poco	nada
1. cuidar plantas	_____	_____	_____
2. pescar	_____	_____	_____
3. hacer crucigramas	_____	_____	_____
4. pintar	_____	_____	_____
5. coser	_____	_____	_____
6. tejer	_____	_____	_____
7. coleccionar estampillas	_____	_____	_____
8. arreglar carros	_____	_____	_____
9. jugar a las cartas	_____	_____	_____
10. jugar al billar	_____	_____	_____

Actividad 7: Un fin de semana. After doing *Actividad 6*, write a note to the person from *Actividad 6*. You are planning to spend a weekend together. Suggest activities you could do together that you would both like.

▶ *Como a nosotros nos gusta arreglar carros, es posible que trabajemos en mi garaje. También, como siempre pintas, me puedes pintar …*

_____

_____

_____

_____

Actividad 8: Tal vez... Read the following miniconversations and answer the questions in complete sentences. Use **tal vez** or **quizás** in your responses.

▶ —¿Puedo ver uno de esos?
  —Claro que sí.

  ¿Dónde están?   ***Tal vez estén en una tienda.***
                              Quizás estén en una tienda.

1. —Necesito una carta más.

   —¿Sólo una? Vas a perder.

   ¿Qué están haciendo? _____

2. —Bienvenidos al programa. Hoy vamos a preparar una ensalada. Primero se lava y se corta la

   lechuga, después se lavan bien los tomates y también se cortan, pero no muy pequeños...

   —¿Dónde está esta persona? _____

   ¿A quiénes crees que les esté hablando? _____

3. —¿Cómo que no me queda dinero?

   —No señor, no hay nada.

   —Pero, debo tener algo.

   ¿Dónde están? _____

Actividad 9: Tu impresión. Read the following note that you have just received from a friend; then complete your answer to him.

Hola:

Creo que tengo problemas con mi esposa, pero puede ser que sea mi imaginación. Empezó un trabajo nuevo como arquitecta hace dos meses. Al principio todo iba bien, pero comenzó a trabajar con un arquitecto joven y últimamente está trabajando muchas horas (anoche no regresó a casa hasta las diez y media). Dice que le gusta mucho el trabajo y sé que es muy importante para ella trabajar. Dice que la semana que viene ese arquitecto y ella tienen que ir a otra ciudad por dos días para asistir a una conferencia. Ella me dice que no pasa nada, pero yo tengo mis dudas. Anteayer, en vez de tomar el autobús, él la trajo a casa.

Es posible que no sea nada, pero no estoy seguro. ¿Qué piensas?

Ernesto

Querido Ernesto:

Es evidente que _____. Es

posible que _____

_____. También dudo que _____

_____. Pero es cierto que _____

_____. Te aconsejo

que _____ porque estoy

seguro que _____.

Te deseo mucha suerte.

Un abrazo,

_____

Actividad 10: ¿Qué hora era?   State what time it was when the following actions took place.

▶ *Eran las ocho y diez cuando la mujer se despertó.*

▶

1.

2.

3.

4.

5.

1. _____
2. _____
3. _____
4. _____
5. _____

Actividad 11: ¿Cuántos años tenías?   Answer these questions about you and your family.

1. ¿Cuántos años tenías cuando terminaste la escuela primaria?

_____

2. ¿Cuántos años tenía tu madre cuando tú naciste *(were born)*?

_____

3. ¿Cuántos años tenías cuando empezaste la universidad?

_____

4. ¿Cuántos años tenías cuando George Bush ganó la presidencia en 1988?

_____

Actividad 12: Rompecabezas. Do the following newspaper puzzle. By finding the correct word for each definition, you will be able to complete a popular Spanish saying that means *he's blushing*.

1. Es verde y es la base de la ensalada.

   _ _ _ _ _ _ _
     1

2. Cuando la corto, lloro.

   _ _ _ _ _ _
   8   6

3. Lo uso en la cocina y en mi carro.

   _ _ _ _ _
   4

4. Encima de los espaguetis pongo esto.

   _ _ _ _ _
     2

5. Una banana es parte de este grupo.

   _ _ _ _ _ _
     3

6. Son blancos y el centro es amarillo; se pueden freír.

   _ _ _ _ _
   10

7. Encima de una ensalada pongo aceite y esto.

   _ _ _ _ _ _
   11

8. Oscar Mayer vende mucho de esto para sándwiches.

   _ _ _ _
   7

9. Para comer uso una cuchara, un cuchillo y esto.

   _ _ _ _ _ _ _
      5

10. Es la compañera de la sal; es negra.

   _ _ _ _ _ _
   9

El dicho secreto: _ _ _ _   _ _ _ _   _ _ _ _   _ _ _   _ _ _ _ _ _
       1 2 3 4   5 6 7 6   8 6 9 6   10 11   3 6 9 4 3 1

Actividad 13: ¿*Por* o *para*? Complete the following sentences with **por** or **para.**

1. Le di mi radio _____ su chaqueta.

2. Anoche caminamos_____ la playa.

3. _____ mí, el trabajo es muy aburrido.

4. Mañana Jaime sale _____ Punta del Este.

5. Hoy voy a trabajar _____ Victoria y mañana ella va a trabajar _____ mí.

6. Eran las tres cuando me llamaste _____ teléfono.

7. Mis padres van en tren de Valencia a Madrid y van a pasar _____ Albacete.

8. _____ Álvaro, las tortillas de su abuela son deliciosas.

Actividad 14: ¡Qué emoción!   Complete the following sentences with either the infinitive or the appropriate indicative or subjunctive form of the indicated verbs.

1. A Mercedes le sorprende que tú no _____ más.   (leer)

2. Es una pena que _____ bombas atómicas.   (haber)

3. Espero _____ dinero del banco esta tarde.   (sacar)

4. Mi padre tiene miedo de que no _____ a mi hermano en la universidad.   (aceptar)

5. Me alegro de que tú _____ aquí.   (estar)

6. Sentimos no _____ venir mañana.   (poder)

7. Es fantástico que a Guillermo le _____ arreglar carros.   (gustar)

8. Miguel espera que su compañero le _____ una buena tortilla.   (preparar)

9. Es una pena no _____ tiempo.   (tener)

10. Rogelio se sorprendió de _____ a Roberto en su clase.   (ver)

PRÁCTICA COMUNICATIVA II

Actividad 15: La comida.   Write the letters of the items in Column B that you associate with each verb in Column A. Give all the possible answers for each item.

A

1. _____ freír

2. _____ cortar

3. _____ añadir

4. _____ darle la vuelta

5. _____ poner la mesa

6. _____ revolver

B

a. aceite y vinagre

b. jamón

c. cuchillo, tenedor, cuchara

d. sal y pimienta

e. tomate

f. pan

g. lechuga

h. huevos

i. cebolla

j. fruta

k. servilleta

l. queso

Actividad 16: Una receta.   Your friend is a disaster in the kitchen. She's so bad that you had to write her a recipe for a salad. Complete the recipe with the appropriate words.

Primero se lava y _____ _____ una lechuga. Después _____

_____ y _____ _____ un tomate. _____

_____ la lechuga en el plato y _____ _____ el tomate

encima de la lechuga. También puedes _____ una cebolla si quieres y ponerla encima

de la lechuga. Como te gusta mucho el queso, te aconsejo que _____ un poco encima

de todo. Ahora, _____ _____ aceite y vinagre (pero poco vinagre), después

_____ _____ sal (y pimienta si quieres). Después _____

_____ todo y se come.

Actividad 17: Las mentes inquisitivas quieren saber.   Read the following headlines that appeared in different types of newspapers, some respectable and some sensational. React to them using these phrases: **Me sorprendo de que..., No creo que..., Me alegro de que..., (No) Es posible que..., Creo que...,** etc.

1. El padre de Ross Perot es extraterrestre.

    _____

2. Cumple 125 años y todavía trabaja.

    _____

3. Mujer de 72 años tiene bebé.

    _____

4. Nueva droga del Amazonas. ¿La cura del cáncer?

    _____

5. Costa Rica tiene más profesores que policías y no tiene militares.

    _____

6. Cada año España tiene más turistas que habitantes.

    _____

Actividad 18: El futuro inseguro.   Complete the following sentences to express your hopes and fears for the children you have or would like to have someday. Indicate what is going on in the world today that makes you happy and what has you worried.

Espero que mis hijos _____, pero tengo

miedo de que _____. También

siento que _____, pero

me alegro de que _____.

Es una lástima que _____; por eso

dudo que _____. ¡Qué pena que

_____! También es fantástico que

_____. ¡Qué difícil es pensar en el futuro!

Estrategia de lectura: **Topic Sentences and Supporting Evidence**

As you read, you need to focus your attention in order to understand the text. One way to do this is to locate the topic sentence (**oración principal**) in each paragraph. Once you have identified these, you can look for supporting information (**ideas de apoyo**).

Actividad 19: Oración principal y evidencia.   As you read the following article, write the topic sentences of the paragraphs indicated and jot down the supporting evidence given.

Párrafo 2: _____

_____

Ideas de apoyo:

_____

_____

_____

Párrafo 3: _____

_____

Ideas de apoyo:

_____

_____

_____

Párrafo 4: _____

_____

Ideas de apoyo:

_____

_____

_____

Párrafo 5: _____

_____

Ideas de apoyo:

_____

_____

_____

_____

Curiosidades del mundo hispano

En algunos países hispanos se encuentran enigmas difíciles de comprender. Hay enigmas arqueológicos intrigantes que se están investigando, y quizás nunca se encuentre una explicación para ellos. Por otro lado, hay fenómenos religiosos curiosos que tienen su origen en civilizaciones pasadas.

Uno de los fenómenos arqueológicos inexplicables está en Nazca, Perú. Allí, en la tierra, hay dibujos gigantescos de animales y flores que sólo pueden verse en su totalidad desde el aire. También hay unas líneas muy derechas que tal vez sean pistas de aterrizaje[1] que se hicieron en la época prehistórica para visitantes extraterrestres.

Otro enigma que contradice toda lógica está en la Isla de Pascua, Chile. Allí, al lado del mar, hay unas cabezas enormes de piedra volcánica. Hay mucha controversia sobre el origen de estos monolitos, pero se cree que se construyeron unos cuatrocientos años antes de Cristo. Estas piedras pesan más de veinte toneladas[2] cada una y, hoy en día, todavía es inexplicable cómo una pequeña población pudo moverlas tantos kilómetros, desde el volcán hasta la costa. Hay gente que afirma que es un fenómeno sobrenatural.

En el mundo hispano no sólo hay fenómenos arqueológicos intrigantes; existen también algunas costumbres religiosas que muestran aspectos fascinantes de la cultura. Una de estas costumbres es el uso de la hoja de coca por los indígenas de Bolivia y Perú. Ellos le ofrecen la coca a la diosa Pachamama para que ella les dé buena suerte; también mascan[3] la coca para combatir el hambre y el cansancio que causa la altitud. La hoja de coca se usa además en esa zona para predecir el futuro y para diagnosticar enfermedades.

Un fenómeno religioso que coexiste con el catolicismo es la santería, común en varios países del Caribe. Es de origen africano y consiste en la identificación de dioses africanos con santos cristianos. Cuando los españoles trajeron a los esclavos a América, los forzaron a adoptar el cristianismo, pero ellos no abandonaron totalmente su propia religión y el resultado

---

[1] **pistas ...** *landing strips*   [2] **toneladas** = toneladas métricas. Una tonelada métrica = 2204 libras.   [3] *they chew*

fue una mezcla de las dos religiones. La santería que se practica hoy en día varía de país en 25
país. En Cuba, por ejemplo, los **orishas** (dioses) corresponden a los santos cristianos: Babalú
es el nombre de San Lázaro y es el protector de los enfermos; Changó, el dios del rayo[4] es
Santa Bárbara. Hay símbolos especiales asociados con cada orisha y rituales para honrarlos.

    Estos fenómenos arqueológicos y estas costumbres religiosas nos muestran varios aspectos
de la cultura hispana. Desafortunadamente, algunas prácticas o costumbres pueden ser 30
malinterpretadas, en vez de ser aceptadas como formas de expresión de un grupo determinado.

[4] *lightning*

Actividad 20: Preguntas. Answer these questions in complete sentences based on the reading.

1. ¿Crees que las líneas de Nazca sean de extraterrestres? _____
_____

2. ¿Cuál es el fenómeno inexplicable de la Isla de Pascua? _____
_____

3. ¿Para qué usan la coca los indígenas de Perú y Bolivia? _____
_____

4. ¿Cuál es el origen de la santería? _____
_____

5. ¿Conoces otros fenómenos inexplicables en otras partes del mundo? _____
_____

Capítulo 10

PRÁCTICA MECÁNICA I

Actividad 1: El correo.   Escribe las palabras que corresponden a las siguientes cosas. Incluye el artículo definido en tus respuestas.

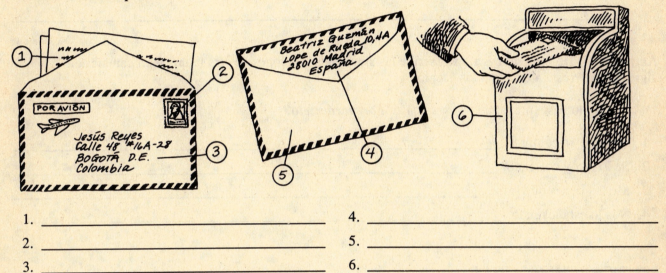

1. _____   4. _____

2. _____   5. _____

3. _____   6. _____

Actividad 2: Más verbos.   Completa las oraciones con la forma apropiada de los verbos indicados. (Algunos funcionan como **gustar,** otros no.)

1. A mí _____ que estás loca.   (parecer)

2. A Bernardo y a Amalia _____ las películas viejas.   (fascinar)

3. A ti siempre _____ la cabeza.   (doler)

4. El Sr. Castañedo nunca _____ trabajar porque es millionario.   (necesitar)

5. Ahora, después de caminar tanto hoy, a Gustavo _____ los pies.   (doler)

6. Ayer a Julio _____ el concierto.   (fascinar)

7. Tú nunca me _____ con nada.   (ayudar)

8. A Amparo siempre _____ dinero.   (faltar)

Actividad 3: Combinando. Reescribe las siguientes oraciones usando los pronombres de los complementos directos e indirectos *(direct- and indirect-object pronouns)*.

1. Te voy a escribir una composición. _____

   _____

2. Le regalé dos discos de rock. _____

   _____

3. Mi madre les pidió una tortilla. _____

   _____

4. ¿Quieres que te mande la carta? _____

   _____

5. Estoy preparándote un café. _____

   _____

Actividad 4: De otra manera. Reescribe las siguientes oraciones de otra manera sin cambiar el significado. Presta atención a los acentos.

▶ ¿Me lo vas a preparar?   *¿Vas a preparármelo?*

1. Te lo voy a comprar. _____

2. Se lo estoy cosiendo. _____

3. Me los tienes que lavar. _____

4. Nos lo está leyendo. _____

PRÁCTICA COMUNICATIVA I

Actividad 5: El paquete. *(a)* Estás en México y tienes que mandarle un paquete muy importante a tu jefe, Diego Velazco Ramírez. El paquete contiene unos contratos y lo vas a mandar al Hotel Meliá Castilla, Capitán Haya 43, 28020 Madrid, España. Es necesario que el paquete llegue mañana o pasado mañana. Completa la conversación en el correo.

EMPLEADO	¿Qué desea?
TÚ	_____
EMPLEADO	¿Adónde va el paquete?
TÚ	_____
EMPLEADO	¿Contiene comida o alcohol?
TÚ	_____
EMPLEADO	¿Cómo lo quiere mandar? ¿Por avión? ¿Urgente?
TÚ	_____
	¿_____?
EMPLEADO	Mañana o pasado mañana.

NOMBRE _____ FECHA _____

TÚ _____

¿_____?

EMPLEADO   40.000 pesos. Favor de completar el formulario.

(b) Ahora, llena el formulario de aduanas. Puedes inventar la dirección del remitente.

ADUANA DE MÉXICO

Destinatario: _____

_____

_____

Remitente: _____

_____

_____

Contenido del paquete: _____

_____

Actividad 6: La universidad.   Acabas de recibir un cuestionario de la universidad. Contesta las siguientes preguntas usando oraciones completas.

1. ¿Cuáles son tres cosas que le fascinan de esta universidad?

_____

_____

2. ¿Cuáles son tres cosas que le molestan?

_____

_____

3. ¿Le parecen excelentes, buenas, regulares o malas las clases?

_____

4. ¿Le falta algo que le pueda dar la universidad?

_____

Algún comentario personal:

_____

_____

Actividad 7: El esposo histérico.   Tu amigo Víctor está esperando la llegada de su esposa y tú lo estás ayudando. Ella viene después de trabajar en otro país por seis meses. Víctor está muy nervioso y quiere que todo esté perfecto. Completa esta conversación entre Víctor y tú. Usa los pronombres de los complementos directos e indirectos cuando sea posible.

VÍCTOR	Gracias por tu ayuda. ¿Me compraste el vino blanco?
TÚ	Sí, _____.
VÍCTOR	¿Pusiste el vino en la nevera?
TÚ	_____
VÍCTOR	¿Me limpiaste la cocina?
TÚ	Sí, esta mañana _____.
VÍCTOR	¿Qué crees? ¿Debo ponerme corbata?
TÚ	_____.
VÍCTOR	¡Ay! Tengo los zapatos sucios *(dirty)*.
TÚ	¡Tranquilo, hombre! Yo voy a _____.
	¿Por qué no te sientas y miras la televisión? Tu mujer no llega hasta las tres. Te voy a preparar un té.

PRÁCTICA MECÁNICA II

Actividad 8: Los deportes.   Asocia las palabras de la Columna A con las palabras de la Columna B. Escribe todas las posibilidades correctas.

A

1. _____ cascos
2. _____ uniformes
3. _____ pelotas
4. _____ bates
5. _____ raquetas
6. _____ guantes
7. _____ palos
8. _____ estadio
9. _____ balón

B

a. béisbol
b. basquetbol
c. fútbol
d. fútbol americano
e. tenis
f. los bolos
g. golf
h. boxeo

Actividad 9: Describiendo.   Completa las oraciones con la forma apropiada de los verbos indicados en el imperfecto.

1. Todos los días, yo _____ a la escuela.   (ir)

2. Mi familia siempre _____ a la una y media.   (comer)

3. Todos los martes y jueves después de trabajar, ellos _____ al fútbol.   (jugar)

4. Cuando yo _____ pequeño, mi madre _____ en un hospital. (ser, trabajar)

5. Cuando mis padres _____ veinte años, no _____ videos.   (tener, haber)

6. Pablo Picasso _____ todos los días.   (pintar)

7. Lucille Ball _____ muy cómica.   (ser)

8. De pequeño, mi hermano nos _____ muchas cosas.   (preguntar)

Actividad 10: ¿Pretérito o imperfecto?   Completa las oraciones con la forma apropiada de los verbos indicados en el pretérito o el imperfecto. Recuerda que se usa el imperfecto para acciones habituales o repetidas y para describir el pasado.

1. Nuestra casa _____ grande y _____ cinco dormitorios.   (ser, tener)

2. Anoche nosotros _____ al cine.   (ir)

3. Todos los días, mis amigos y yo _____ a las cartas y yo siempre _____ dinero.   (jugar, perder)

4. De pequeño, Pablo _____ mucho y ahora es médico.   (estudiar)

5. Francisco Franco _____ bajo, un poco gordo y _____ bigote. (ser, tener)

6. Ayer a las tres, yo _____ mi último examen.   (tener)

7. En la escuela secundaria, nosotros _____ a las doce, y después de la escuela _____ a comer pizza.   (almorzar, ir)

8. Mi madre nos _____ a ver películas de Disney todos los viernes.   (llevar)

9. Mi novio _____ ayer.   (llegar)

10. Todos los días mi ex esposo me _____ poesías que _____ horribles.   (escribir, ser)

11. La semana pasada _____ el festival en Sarchí.   (empezar)

12. Ayer, Mario _____ a casa, _____ algo de comer y _____ la televisión.   (llegar, preparar, mirar)

13. Esta mañana Nuria y Elisa _____ al museo para ver la nueva exhibición de Dalí y me dijeron que _____ muchísima gente.   (ir, haber)

14. Cuando yo _____ cinco años, _____ a leer.   (tener, aprender)

15. _____ las tres de la mañana cuando Laura me _____.   (ser, llamar)

PRÁCTICA COMUNICATIVA II

Actividad 11: Un anuncio.   Lee este anuncio y contesta las preguntas.

¿ QUIERES SER INSTRUCTORA DE AEROBICS ?

Inscríbete en:

guiesca

Tenemos el mejor sistema de enseñanza por medio de un programa activo, con intervención | de profesores ampliamente capacitados dentro de un agradable ambiente.

Servicios que presta: Gimnasia aeróbica, Jazz, Pesas.

Fdo. Iglesias y Calderón
No. 50 Jard'n Balbuena
5900   5 · 7 · 63 · 78

Inscripción de la S E P No. Reg. V 88 056

1. Marca las actividades que se pueden hacer en Guiesca.

   ☐ levantar pesas

   ☐ nadar

   ☐ hacer ejercicio

   ☐ jugar al squash

2. ¿Crees que Guiesca busque personas que tengan experiencia? ¿Por qué sí o no?

   _____

3. ¿Crees que sea un gimnasio para hombres? ¿mujeres? ¿hombres y mujeres?

   _____

   ¿Por qué crees eso? _____

   _____

Actividad 12: Mi vida en Santiago. Completa esta descripción de lo que hacía Mario mientras vivía en Santiago de Chile.

Todos los días yo _____ temprano para ir a trabajar. _____ al trabajo
          (levantarse)   (Caminar)

porque _____ muy cerca. _____ en una escuela de inglés.
          (vivir)   (Trabajar)

_____ cuatro clases al día, un total de veinticuatro horas por semana. Mis estudiantes
  (Enseñar)

_____ profesionales que _____ el inglés para su trabajo. Todos
          (ser)   (necesitar)

_____ muy inteligentes e _____ a clase muy bien preparados. Me
          (ser)   (ir)

_____ mis estudiantes y muchas veces ellos y yo _____ después de las
          (gustar)   (salir)

clases. _____ en los restaurantes o _____ al cine. Santiago
          (Comer)   (ir)

_____ fantástico y quiero volver algún día.
          (ser)

Actividad 13: Un campeonato final sin final. Escoge los verbos apropiados de la lista para completar el siguiente artículo sobre un partido de tenis. Usa las formas apropiadas de cada verbo en el pretérito o en el imperfecto. Recuerda que se usa el imperfecto para describir.

decir	esperar	ganar	hacer	ser
empezar	estar	haber	poder	tener

Ayer _____ mucha gente en el estadio de Wimbledon. _____ mucho

calor y sol. Entre el público _____ Guillermo Vilas, el príncipe Charles, Pancho

González y otra gente famosa. Todo el mundo _____ ver el campeonato entre Gabriela

Sabatini, de Argentina, y la española Arantxa Sánchez. _____ las dos y media cuando

_____ el partido; todo el mundo _____ en silencio; nadie

_____ nada esperando ansiosamente la primera pelota. Después de hora y media de

juego en el calor intenso, Sánchez _____ un accidente y no _____

continuar. Así que Gabriela Sabatini _____ el campeonato.

Actividad 14: El robo. Ayer viste un robo en la calle y tuviste que ir a hacerle una declaración a la policía. Mira los dibujos y completa la conversación con el policía usando oraciones completas.

POLICÍA	¿Qué hora era cuando vio Ud. el robo?
TÚ	_____
POLICÍA	¿Dónde estaba Ud. y dónde estaba la víctima?
TÚ	_____
POLICÍA	¿Qué hizo exactamente el criminal?
TÚ	_____
	_____
POLICÍA	¿Cómo era físicamente?
TÚ	_____
	_____
POLICÍA	¿Bigote o barba? La víctima nos dijo que tenía barba.
TÚ	_____
POLICÍA	¿Y la descripción del carro?
TÚ	_____
	_____
POLICÍA	¿Quién manejaba? ¿Lo vio Ud. bien? ¿Sabe cómo era?
TÚ	_____
POLICÍA	Muchas gracias por ayudarnos.

Actividad 15: Los niños de hoy.   Diana y Marisel están comparando lo que ellas hacían cuando tenían trece años con lo que hacen los niños de esa edad en los Estados Unidos.

DIANA   Cuando yo tenía trece años, _____

_____.

MARISEL   Yo iba al cine, salía con grupos de amigos y viajaba con mis padres.

DIANA   También _____

y _____.

MARISEL   Pero hoy, los niños parecen adultos.

DIANA   Sí, es verdad, hoy los niños de la escuela donde enseño en los Estados Unidos _____

_____.

MARISEL   ¡Es una lástima!

DIANA   Pero eso no es todo; también _____

_____.

MARISEL   Son como pequeños adultos; casi no tienen infancia.

Actividad 16: ¡Cómo cambiamos!   Paulina asistió a la universidad contigo. La viste ayer y no puedes creer cómo está; parece una persona totalmente diferente. Mira estas dos fotos de Paulina y escríbele una carta a tu amigo Hernando. Describe cómo era y qué hacía Paulina (imperfecto), y cómo es hoy y qué hace (presente).

Antes   Ahora

Panamá, 10 de enero

Querido Hernando:

　　No lo vas a creer; acabo de ver a Paulina Mateos.   ¿La recuerdas?

Recuerdas que era _____

_____

_____

_____ .

　　Pues ahora _____

_____

_____

_____

_____

_____

_____ .

　　　　　　　　Un abrazo,

　　　　　　　　_____

Estrategia de lectura: Finding Relationships Between Words and Sentences

Understanding the relationship between words and sentences can help improve your understanding of a text. A text is usually full of references that are used to avoid redundancies. Common reference words are possessive adjectives, demonstrative adjectives and pronouns, and subject, indirect-, and direct-object pronouns. Furthermore, as you have seen, subject pronouns are generally omitted where the context allows it.

You will have a chance to practice identifying references while you read the next selection.

Actividad 17: Mira y contesta.   Contesta estas preguntas sin consultar a nadie.

1. Mira el mapa en la contratapa *(inside cover)* de tu libro de texto y escribe qué países forman

    Centroamérica. _____

    _____

2. ¿Sabes qué país construyó el Canal de Panamá? ¿Sabes qué país lo administra? _____

    _____

3. ¿Qué aprendiste sobre Costa Rica en este capítulo? _____

    _____

4. ¿Qué sabes sobre la situación política de Centroamérica? _____

    _____

Actividad 18: Referencias.   Al leer el texto, di a qué se refieren las siguientes frases o palabras.

1. línea 4: **esa región** _____
2. línea 9: **ellos** _____
3. línea 14: **lo** _____
4. línea 21: **su** _____
5. línea 27: **sus** _____
6. línea 32: **Allí** _____
7. línea 35: **ellos** _____
8. línea 37: **Éstas** _____

Centroamérica: Mosaico geográfico y cultural

Uniendo dos gigantes, Norteamérica y Suramérica, y separando el Océano Atlántico del Océano Pacífico están los siete países que forman Centroamérica. Seis de ellos son países hispanos; el otro, Belice, es una antigua colonia británica.

Centroamérica es un mosaico de tierras y de pueblos.[1] **En esa región** se encuentran playas blancas, selvas tropicales, montañas de clima fresco, sabanas fértiles y gigantescos volcanes. Su población incluye indígenas con lenguas y costumbres precolombinas, descendientes de europeos, negros, mestizos y mulatos.

Aunque los países centroamericanos están unidos físicamente por la Carretera Panamericana, no hay todavía una verdadera unión entre **ellos.** Los esfuerzos de unificación con el Mercado Común Centroamericano en los años sesenta no tuvieron éxito y hoy en día hay todavía ciertos conflictos e inestabilidad económica y política.

El país más austral[2] de Centroamérica es Panamá, que tiene la mayor población negra de los países hispanos de la región. El recurso económico más importante de ese país es el Canal de Panamá que construyeron los Estados Unidos. El gobierno estadounidense **lo** va a administrar hasta el año 2000, cuando pase a manos de Panamá. Este canal es de gran importancia comercial porque, al conectar el Océano Pacífico con el Océano Atlántico, es la ruta ideal para los barcos que van no sólo de Nueva York a California sino también de Asia a Europa.

En Costa Rica, la mayoría de la población es de origen europeo y el porcentaje del analfabetismo es bajo (10%). No tiene ejército[3] y, además, no tiene grandes conflictos políticos internos. En 1987, el presidente Óscar Arias recibió el Premio Nóbel de la Paz por **su** iniciativa en buscar un fin a las guerras de Centroamérica. Desafortunadamente, a pesar de tener paz, hoy en día Costa Rica tiene problemas económicos muy serios.

Nicaragua, Honduras y El Salvador, por otro lado, son países de grandes conflictos políticos internos, pero a la vez de grandes riquezas naturales. Nicaragua es un país de volcanes y lagos donde sólo se cultiva el 10% de la tierra. Honduras es un país montañoso; su población vive principalmente en el campo y **sus** exportaciones principales son el banano, el café y la madera. El Salvador, a pesar de ser el país más pequeño de la zona, es el tercer exportador de café del mundo, después de Brasil y Colombia. El Salvador es además un país muy densamente poblado. La población de Nicaragua, Honduras y El Salvador tiene un alto porcentaje de mestizos (70%–90%).

Al norte de El Salvador está Guatemala. **Allí** se encuentran ruinas de una de las civilizaciones indígenas más avanzadas, la civilización maya. Más de un 50% de los guatemaltecos son descendientes directos de los mayas y hablan una variedad de lenguas indígenas; **ellos** forman la población indígena de sangre pura más grande de Centroamérica.

A pesar de las grandes diferencias que existen entre los países centroamericanos, también hay muchas semejanzas. **Éstas** forman la base de lo que es Centroamérica, pero, realmente, es la diversidad la que le da riqueza a la zona.

---

[1] *peoples* [2] *southernmost* [3] *army*

Actividad 19: Preguntas.   Después de leer el texto, contesta las siguientes preguntas con oraciones completas.

1. ¿Cuál es la importancia del Canal de Panamá? _____

   _____

2. ¿En qué se diferencia Costa Rica de los otros países centroamericanos? _____

   _____

3. ¿Qué peculiaridad caracteriza a Nicaragua, Honduras y El Salvador? _____

   _____

4. ¿Cuál es una característica particular de Guatemala? _____

   _____

Capítulo 11

PRÁCTICA MECÁNICA I

Actividad 1: La medicina. Pon estas letras en orden para formar palabras relacionadas con la medicina. Escribe acentos cuando sea necesario.

1. prnaaisi _____
2. gernsa _____
3. adveejn _____
4. nyniieocc _____
5. clseoiraof _____

6. irrdaea _____
7. ssaneau _____
8. digraofaari _____
9. efbire _____
10. roiplda _____

Actividad 2: La salud. Asocia las cosas de la Columna A con las palabras relacionadas con la medicina en la Columna B.

A

1. _____ X
2. _____ Contac
3. _____ Ace
4. _____ Robitussin
5. _____ 103°F, 39°C
6. _____ Pepto-Bismol
7. _____ aspirina

B

a. vendaje
b. fractura
c. radiografías
d. diarrea
e. dolor de cabeza
f. cápsulas
g. jarabe
h. fiebre

Actividad 3: ¿Imperfecto o pretérito? Completa las oraciones con la forma correcta de los verbos indicados en el pretérito o el imperfecto.

1. Ella _____ documentos mientras él _____ los contratos.

   (traducir, completar)

2. Ayer yo _____ a un gimnasio nuevo por primera vez y la gente

   _____ gimnasia aeróbica, _____ y _____

   pesas.   (ir, hacer, nadar, levantar)

3. Todos los veranos mi familia _____ un mes en la playa. A mí me

   _____. (pasar, encantar)

4. El año pasado Manuel y Carmen _____ con turistas en Cancún durante cuatro

   meses. _____ en un hotel muy elegante. (trabajar, Vivir)

5. El sábado yo _____ muy mal. Todo el día _____ náuseas y

   fiebre. (estar, tener)

6. Javier _____ a 150 kilómetros por hora cuando lo _____ la

   policía. (manejar, parar)

7. Yo _____ cuando me _____ Ramón y por eso no

   _____. (ducharse, llamar, contestar)

8. El año pasado cuando nosotros _____ por Argentina, _____ a un

   concierto de Les Luthiers. (viajar, ir)

PRÁCTICA COMUNICATIVA I

Actividad 4: Los síntomas. Termina estas conversaciones entre los pacientes y sus médicos.

1. PACIENTE A   Hace tres días _____

   _____

   _____.

   MÉDICO   Es posible que Ud. tenga una úlcera.

2. PACIENTE B   Mi hijo tosía, _____

   _____.

   Ahora está bien pero no quiere comer.

   DOCTORA   Creo que sólo fue gripe, pero debe obligarlo a comer algo.

3. PACIENTE C   Todas las mañanas _____

   _____.

   Ahora estoy mejor, pero no sé qué me pasaba.

   MÉDICO   Vamos a ver. ¿Cree que pueda estar embarazada?

Actividad 5: Los remedios. Termina esta conversación que tiene lugar en la farmacia.

CLIENTE   Tengo un dolor de cabeza terrible.

FARMACÉUTICA ¿Por qué no _____?

CLIENTE   ¿Tiene Bayer?

FARMACÉUTICA Claro que sí. ¿Algo más?

CLIENTE   Sí, mi hijo tiene un catarro muy fuerte y fiebre.

FARMACÉUTICA Entonces, él tiene que _____.

CLIENTE   ¡Ay! No le gustan las cápsulas. ¿No tiene pastillas de Tylenol?

FARMACÉUTICA _____.

CLIENTE   También tiene tos.

FARMACÉUTICA Bien, pues debe comprarle _____

_____.

CLIENTE   Y mi marido se cortó la mano.

FARMACÉUTICA Entonces, _____. ¿Algo más?

CLIENTE   Creo que es todo.

FARMACÉUTICA Ya entiendo por qué le duele la cabeza.

Actividad 6: Tu salud. Lee el siguiente artículo del periódico y contesta las preguntas.

TU SALUD *Por Antonio Calvo Roy*

■ Hipertensión

De tiempo en tiempo hay que recordarlo. En nuestro país el 20 por ciento de la población, cinco millones de personas, sufren de hipertensión, pero sólo el 10 por ciento lo sabe y toma las medidas oportunas. Hágase medir la tensión de vez en cuando, no olvide que tener la tensión alta es como llevar una espada de Damocles sobre la cabeza, y, por cierto, con muchos filos, entre ellos el peligro de infarto.

■ ¡Olé la siesta!

La siesta pasa por ser una de las grandes contribuciones hispanas a la calidad de vida mundial. En verano la costumbre se extiende como una benéfica bendición propiciada por el calor. Su sueño puede estar partido, seis horas nocturnas y dos vespertinas, no es perjudicial para su salud. Muy al contrario, pasar las horas de máximo calor entre dulces sueños puede reportarle beneficios.

1. ¿Qué porcentaje de la población tiene hipertensión?

   a. el 50%   c. el 75%

   b. el 20%   d. el 100%

2. ¿Qué debes hacer para saber si tienes hipertensión?

   a. ver al médico   c. saber los síntomas

   b. medir la tensión con frecuencia   d. dejar de beber y fumar

3. La palabra **vespertino/a** no está en el vocabulario de Uds. ¿Qué significa?

   a. por la noche   c. por la tarde

   b. por la mañana

4. Una persona normal debe dormir ocho horas cada noche. ¿Es bueno o malo para la salud dormir seis

   horas por la noche y dos horas por la tarde cuando hace calor?

   a. es bueno   c. se está investigando

   b. es malo

Actividad 7: ¿Qué le pasaba? Termina esta parte de una carta que recibió Isabel de su tía que vive en Chile.

Es increíble el cambio que veo en tu primo Nando

después de estar casado. Tú sabes que él nunca

_____ en la cocina, y el viernes pasado

levantarse

pasar　　　yo _____ por la casa de él para dejarle

estar　　　algo y mientras su esposa, Olga, miraba la televisión,

poder　　　tu primo _____ preparando la cena. No

entrar　　　_____ creerlo. Cuando

saber

creer　　　_____ preparando la ensalada, yo

ir　　　　_____ que él _____ a

estar　　　ponerle demasiado vinagre; entonces _____

para ayudarlo, pero resulta que tu primo

_____ exactamente cómo hacer una

ensalada y al final, ¡qué ensalada más deliciosa!

Olga me _____ que el otro día

mientras ella _____ la ropa en la

empezar　　lavadora, Nando _____ a ayudarla. Yo

poner　　　siempre _____ que tu primo

ser

saber　　　_____ muy machista (sé que todavía es en

pensar　　ciertos sentidos), pero últimamente está cambiando.

decir　　　Cada día se parece más a su padre. Él tampoco

_____ cocinar antes de casarse.

Por cierto, ayer tu tío me preparó una cena

exquisita, con una ensalada fabulosa.

Actividad 8: El informe del detective. Eres un detective y pasaste la mañana siguiendo al esposo de tu cliente. En oraciones completas, escribe el informe que le vas a dar a ella. Di qué hizo el esposo durante la mañana.

trabajar

salir

mientras tomar café / llegar

entrar

mientras probarse vestido / comprar perfume

volver

_____
_____
_____
_____
_____
_____

Actividad 9: La verdad. Termina esta conversación entre el esposo de la actividad anterior y su esposa.

ELLA	¿Qué hiciste hoy?
ÉL	Nada; _____.
ELLA	¿Toda la mañana _____?
ÉL	Sí, excepto _____ para comprarte esto.
ELLA	¡Un vestido y perfume!
ÉL	Claro, hoy hace diez años que te _____.
ELLA	Es que … es que …
ÉL	¿Quieres decirme algo?
ELLA	Es que yo pensaba que tú _____
	_____.
ÉL	No, ella era _____.
	¿Cómo supiste que fui con ella a la tienda?

Actividad 10: ¿Qué estaban haciendo? Todas las personas del dibujo oyeron una explosión y miraron a la calle para ver qué pasó. Di qué estaban haciendo estas personas cuando oyeron la explosión.

▶ El joven   *El joven estaba haciendo un crucigrama cuando oyó la explosión.*

1. El mecánico _____.

2. La señora en la ventana _____.

3. Los dos señores en el banco _____.

4. El niño _____.

5. El hombre viejo en el balcón _____.

6. La joven en el balcón _____.

PRÁCTICA MECÁNICA II

Actividad 11: El carro. Identifica las diferentes partes del carro. Incluye el artículo definido en tus respuestas.

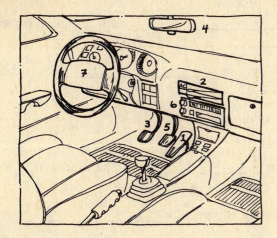 

El interior

1. _____ 5. _____
2. _____ 6. _____
3. _____ 7. _____
4. _____

El exterior

1. _____ 5. _____
2. _____ 6. _____
3. _____ 7. _____
4. _____

Actividad 12: ¿Pretérito o imperfecto? Escribe la forma correcta de los verbos indicados en el pretérito o el imperfecto.

1. El otro día mi novio _____ a mi padre. (conocer)

2. Nosotros _____ a ir al cine, pero llegamos tarde. (ir)

3. Mi hijo _____ que visitar a su padre, pero no _____ porque él _____ un accidente con el carro. (tener, ir, tener)

4. Ayer yo _____ la verdad, pero no le _____ nada a nadie. (saber, decir)

5. Ella no _____ su número de teléfono, por eso no _____. (saber, llamar)

6. Nosotros _____ que ir al banco ayer. El director del banco nos _____ con nuestro problema. (tener, ayudar)

7. Los niños _____ a ir a la piscina, pero _____ a llover. (ir, empezar)

8. El profesor _____ a devolver los exámenes hoy, pero los _____. (ir, perder)

9. Yo _____ en Salamanca por tres años, por eso cuando _____ a esa ciudad, yo no _____ mapa porque _____ la ciudad muy bien. (vivir, volver, necesitar, conocer)

10. Margarita _____ a Hollywood para pasar las vacaciones, pero no _____ a nadie famoso. (ir, conocer)

Actividad 13: Describiendo. Completa estas oraciones con la forma correcta del participio pasado de los verbos indicados.

1. Llegamos tarde y la tienda estaba _____. (cerrar)

2. El niño que perdió su perro está _____ allí. (sentar)

3. La ropa sucia está en la lavadora y la ropa _____ está en tu dormitorio. (lavar)

4. María, ¿por qué estás _____? (preocupar)

5. Mi tío vende carros _____. (usar)

6. El carro está _____ y _____. (arreglar, lavar)

7. Los niños están _____ y _____. (bañar, vestir)

8. *Don Quijote de la Mancha* está _____ a casi todos los idiomas. (traducir)

PRÁCTICA COMUNICATIVA II

Actividad 14: Problemas, problemas y más problemas.   Termina esta carta que escribió Lorenzo
Martín a una compañía de alquiler de carros después de una experiencia terrible con un carro alquilado.

Caracas, 15 de febrero de 1996

Estimados señores:

Alquilé un carro en su compañía hace tres semanas y tuve
muchísimos problemas. Primero, estaba bajando las montañas cuando no
funcionaron los _____. Por suerte no tuve un
accidente. Paré en una gasolinera y me los arreglaron. Más tarde
empezó a llover, pero no podía ver nada porque los
_____ no funcionaban. Después, cuando llegué al hotel,
no podía sacar las maletas del _____ porque la llave
que Uds. me dieron no era la llave que necesitaba; pero por fin un
policía me lo abrió. Esa noche salí y no podía ver bien porque una
de las _____ no encendía. Para colmo, al día siguiente
hacía muchísimo calor y el _____ no echaba aire frío,
sólo aire caliente.

Hace muchos años que alquilo los carros en su compañía sin ningún
problema; pero después de esta experiencia, creo que voy a tener que
ir a otra agencia de alquiler de carros.

Atentamente,

Lorenzo Martín

Actividad 15: Las excusas. Lee estas miniconversaciones; luego termínalas usando **iba, fui, tenía** o **tuve.**

1. —Había muchas personas en la fiesta.

   —Entonces, ¿te divertiste?

   —Sí y no. Y tú, ¿dónde estabas? Prometiste venir.

   —_____ a ir, pero _____ que ayudar a mi madre, que estaba

   enferma.

2. —_____ que ir al dentista ayer.

   —¿Fuiste o no?

   —No fui porque el dentista estaba enfermo.

3. —¿Me compraste el champú?

   —_____ a comprártelo, pero no _____ a la tienda porque

   _____ un pequeño accidente con el carro.

   —¡No me digas! ¿Estás bien?

   —_____ que ir al hospital.

   —¡Por Dios! ¿Y qué te dijo el médico?

   —No mucho. Estoy bien, sólo tengo que tomar aspirinas.

Actividad 16: El telegrama. Termina este telegrama que Paco le mandó a Alicia. Usa las formas correctas de los participios pasivos *(past participles)* de los siguientes verbos: **alquilar, preparar, reservar, vender.**

La habitación está _____ en el Hotel Santa Cruz. STOP El carro está

_____ en Hertz. STOP Todas las entradas están _____. STOP Todo

está _____ para el concierto del jueves. STOP Buena suerte.

Actividad 17: ¿Qué hiciste? Usando oraciones completas, contesta las siguientes preguntas sobre el último concierto que viste.

1. ¿A quién viste? _____

2. ¿Con quién fuiste? _____

3. ¿A qué hora empezó? _____

4. ¿Cuándo terminó? _____

5. ¿Dónde se sentaron Uds.? _____

6. ¿Pudiste ver y oír bien? _____

7. ¿Cuánto te costó la entrada? _____

8. ¿Qué canciones tocaron? _____

9. ¿Cuál de las canciones fue tu favorita? _____

_____

Actividad 18: ¿Cómo era? En oraciones completas, contesta estas preguntas sobre el mismo concierto.

1. ¿Había mucha gente? _____

2. ¿Cuántos músicos había? _____

3. ¿Qué ropa llevaban los músicos? _____
   _____

4. ¿Cómo era el escenario *(set)*? _____
   _____

5. ¿Cómo reaccionaba el público a las canciones? _____
   _____

6. ¿Usaron efectos especiales (láser, video, etc.)? Si contestas que sí: ¿Qué hacían los músicos mientras
   Uds. veían los efectos especiales? _____
   _____
   _____

7. ¿Valió la pena ir al concierto o no? ¿Por qué sí o no? _____
   _____

Actividad 19: La carta. Hay que usar el imperfecto y el pretérito para describir bien algo que ocurrió.
Usa la información de la *Actividad 17* y la *Actividad 18* para escribirle una carta sobre el concierto a un/a
amigo/a. Describe qué hiciste, qué ocurrió y cómo era el concierto. Añade más detalles *(details)* si quieres.

_____, _____ de _____
(ciudad)   (día)   (mes)

_____:

_____

_____

_____

_____

_____

_____

_____

_____

Un abrazo,

_____

Estrategia de lectura: Activating Background Knowledge

You have already learned that by activating background knowledge prior to reading a text, you can better understand its content. In the following activity, you will have an opportunity not only to activate your background knowledge to become a better reader, but also to develop a greater sense of cultural understanding. By examining your knowledge of your own culture, you can better understand another one.

Actividad 20: Aquí. Antes de leer una carta que habla de la educación en países hispanos, contesta estas preguntas sobre el sistema universitario de los Estados Unidos. Después lee la carta.

1. Para entrar a una universidad de los Estados Unidos, normalmente hay que tomar un examen de ingreso. ¿Cómo se llama uno de los exámenes de ingreso?

   _____

2. ¿Es normal que un estudiante empiece sus estudios universitarios sin saber su especialización?

   ☐ Sí ☐ No

3. ¿Se pueden estudiar asignaturas en diferentes facultades *(departments or schools)*?

   ☐ Sí ☐ No

4. ¿Es común que un estudiante salga de su pueblo o de su ciudad para asistir a la universidad?

   ☐ Sí ☐ No

5. ¿Cuesta mucho o poco la educación universitaria en los Estados Unidos?

   ☐ Mucho ☐ Poco

Madrid, 6 de octubre

Querido Craig:

Recibí tu carta hace unos días, pero no tuve tiempo para contestarte antes porque estaba ocupadísima con mis clases de literatura en la universidad. Por fin comencé mis vacaciones y ahora tengo tiempo para escribirte unas líneas. ¿Cómo estás? ¿Cómo va tu clase de español? ¿Mucho trabajo?

En tu carta me pides información sobre el sistema educativo hispano para usar en tu clase de español. Bueno, a nivel universitario los estudiantes deben pasar primero un examen para entrar en la universidad, pero desde el momento que entran comienzan a especializarse. Por ejemplo, si quieres estudiar psicología, entras en esa facultad (lo que nosotros llamamos *department*) y estudias asignaturas de esa área desde el primer día, no como en los Estados Unidos, donde cursas asignaturas de varias áreas. Aquí los estudiantes tienen una preparación más global en la secundaria. Por lo que me contaron unos amigos, este sistema de educación es parecido en casi toda Hispanoamérica.

La gente, en general, va a la universidad en el lugar donde vive y no se muda a otra parte del país. Aunque muchas ciudades grandes tienen ciudades universitarias, en otras las diferentes facultades están en distintas partes de la ciudad. Esto no es ningún problema porque en general sólo necesitas ir a una facultad. ¡Y el tamaño de algunas de estas universidades! ¡Una sola facultad puede tener alrededor de veinte mil estudiantes! Increíble, ¿no? Algunas universidades importantes son la Central en Venezuela, la Universidad de Costa Rica, la Complutense de Madrid, y, por supuesto, la UNAM en México con más de 300.000 estudiantes.

¿Qué más te puedo contar? ¡Ah, sí! La educación generalmente es gratis; mejor dicho, los ciudadanos pagan impuestos que ayudan a mantener las universidades. En lugares como Cuba, por ejemplo, los estudiantes universitarios trabajan en el campo para devolver ese dinero al gobierno. También hay universidades donde sí tienes que pagar, pero es algo mínimo; yo, por ejemplo, pago cien dólares por año. Naturalmente, también existen las universidades privadas donde los estudiantes pagan la matrícula, y a veces es cara.

Bueno, no se me ocurre qué más decirte sobre el sistema educativo. Pero si tienes alguna pregunta puedes escribirme. ¿No te gustaría venir a estudiar aquí? Para mí ésta es una experiencia fabulosa: estoy aprendiendo cantidades, del idioma, de la cultura y de la gente; además, la comida española es deliciosa. Siempre pienso en ti cuando como paella. Tienes que venir a probarla.

Espero entonces noticias tuyas.

Saludos,

P.D. Saludos a tus estudiantes de español.

Actividad 21: Allá. En la primera columna tienes unos datos sobre el sistema universitario de los Estados Unidos. Escribe información correspondiente en la segunda columna sobre las universidades del mundo hispano según la carta.

Estados Unidos	El mundo hispano
1. Para entrar a la universidad, hay que tomar un examen de ingreso (SAT, ACT).	1. _____ _____ _____
2. Los estudiantes pueden pasar los primeros años de universidad sin saber su especialización.	2. _____ _____ _____
3. Los estudiantes pueden estudiar asignaturas en diferentes facultades.	3. _____ _____ _____
4. Muchos estudiantes no estudian en su pueblo o su ciudad; muchos estudian en otro estado.	4. _____ _____ _____
5. La educación universitaria cuesta un ojo de la cara.	5. _____ _____ _____

Capítulo 12

PRÁCTICA MECÁNICA I

Actividad 1: La palabra que no pertenece. Marca la palabra que no pertenece *(doesn't belong)* al grupo.

1. clarinete, batería, flauta, trompeta

2. guisantes, judías verdes, cordero, espárragos

3. pavo, bistec, chuleta, filete

4. violín, saxofón, guitarra, violonchelo

5. ternera, ajo, cordero, cerdo

6. flauta, clarinete, saxofón, trombón

7. lentejas, coliflor, frijoles, guisantes

8. fruta, helado, carne, flan

Actividad 2: Los platos. Organiza estas listas de la siguiente manera: primer plato, segundo plato y postre.

1. flan, melón con jamón, churrasco

   Primer plato _____

   Segundo plato _____

   Postre _____

2. medio pollo, espárragos con mayonesa, fruta

   Primer plato _____

   Segundo plato _____

   Postre _____

3. helado, judías verdes, bistec

   Primer plato _____

   Segundo plato _____

   Postre _____

Actividad 3: ¿Pretérito o imperfecto? Completa las oraciones con la forma apropiada del pretérito o del imperfecto de los verbos indicados.

1. Anteayer yo _____ a tu profesor. (ver)

2. Durante el verano pasado, a veces yo _____ en la piscina de los vecinos. (nadar)

3. Cuando _____ en Madrid, con frecuencia nosotros _____ a comer en el restaurante chino Kung Fu que _____ en la calle Duque de Sesto. (vivir, ir, estar)

4. Todos los días mi jefe _____ de los problemas que _____ con sus hijos. (quejarse, tener)

5. Marcos y yo _____ jugando al tenis cuando de repente _____ a llover. (estar, empezar)

6. El año pasado Fernando _____ a otra universidad por un semestre y _____ aquí en octubre. (asistir, venir)

7. A menudo los vecinos me _____ con su música. (molestar)

8. De vez en cuando mi novio me _____ pequeños regalos, pero el sábado pasado me _____ un estéreo. (mandar, dar)

9. Juan, un compañero de trabajo, me _____ a menudo, pero anoche yo _____ que estaba casado. (hablar, saber)

10. Mi hijo siempre _____ bien, pero el mes pasado _____ a tener problemas y a no dormir. (dormir, empezar)

Actividad 4: Describiendo. Completa estas oraciones con el participio pasado de los verbos indicados.

1. El parabrisas estaba _____ y tuvimos que ir a un taller. (romper)

2. La comida está _____. (servir)

3. Sabíamos que la señora estaba _____ porque no respiraba. (morir)

4. Los niños tienen las manos _____ y la mesa está _____, mamá; ya podemos comer. (lavar, poner)

5. Las tiendas están _____ los domingos, excepto en el centro comercial, donde están _____ de las doce a las cinco. (cerrar, abrir)

6. El contrato estaba _____ pero nadie quería firmarlo. (escribir)

Actividad 5: Negando. Contesta estas preguntas de forma negativa. Usa palabras como **nadie, nunca, ni … ni, ninguno,** etc.

1. ¿Bailaste con alguien? _____

2. ¿Revisó el mecánico el aceite y la batería? _____

_____

3. ¿Cuántos estudiantes vinieron anoche? _____

4. ¿Vas a la biblioteca con frecuencia? _____

5. ¿Pudiste comprar la carne y los espárragos? _____

_____

PRÁCTICA COMUNICATIVA I

Actividad 6: Las bodas de plata. El viernes que viene son las bodas de plata (aniversario de veinticinco años) de tus padres y vas a tener una fiesta en un restaurante para ellos. El restaurante te dio estas descripciones de conjuntos musicales. Completa la carta al restaurante diciéndole cuál de los conjuntos quieres.

Los tucutucu

Tocan música clásica: 2 violines, un violonchelo y flauta.

Redonditos de ricota

Música de los años 40 y 50: clarinete, trompeta, trombón, saxofón, batería. Perfecto para bailar.

Maruja Beltrán

Pianista y cantante versátil: música clásica, jazz o música moderna. Si quiere, el público puede cantar con ella.

Las viudas del rock-and-roll

Música moderna: guitarra eléctrica, bajo, batería. Especialistas en rock de hoy y de los años 60.

Estimado Sr. Jiménez:

    Para la fiesta de mis padres prefiero _____

porque a mis padres les gusta/n _____ .

También creo que es una buena idea porque voy a invitar a _____

_____ y a muchos de ellos les fascina/n _____ .

Actividad 7: El encuentro. Muchas personas tienen la misma rutina todos los días y cuando cambian de rutina pasan cosas interesantes. Termina este párrafo y cuenta cómo se conocieron los Sres. Durán.

Con frecuencia el Sr. Durán _____ y muchas veces _____ . Estas

actividades eran parte de su rutina diaria. También _____ , _____ y

_____ . Pero el 3 de marzo fue diferente; no _____ . Fue a la playa y allí

vio a la Srta. Guzmán. Pensaba que era una mujer muy _____ y quería conocerla.

Mientras ella _____ , él _____ . De repente, _____

_____ .

Así se conocieron y llevan diez años de casados.

Actividad 8: La comida. El restaurante quiere que decidas cuál va a ser el menú para la fiesta de tus padres. Ellos sugieren que pidas dos comidas de primer plato, dos comidas de segundo y algo de postre; así la gente puede elegir. También debes pensar en un menú especial para tus tíos que son vegetarianos. Puedes gastar hasta 4.000 pesetas por persona. Mira el menú y completa el papel que te mandaron del restaurante.

Mi Buenos Aires Querido

Casa del Churrasco
Castellana 240, Madrid

Primer plato	pts.
Sopa de verduras	600
Espárragos con mayonesa	800
Melón con jamón	850
Tomate relleno	750
Ensalada rusa	500
Provoleta (queso provolone con orégano)	650

Segundo plato	
Churrasco	2200
Bistec de ternera con puré de papas	1800
Medio pollo al ajo con papas fritas	1500
Ravioles	1200
Lasaña	1200
Pan	150

Ensaladas	pts.
Mixta	600
Zanahoria y huevo	600
Waldorf	800

Bebidas	
Agua con o sin gas	325
Media botella	225
Gaseosas	225
Té	200
Café	200
Vino tinto, blanco	250

Postres	
Helado de vainilla, chocolate	550
Flan con dulce de leche	550
Torta de chocolate	600
Frutas de estación	550

Menú del día: ensalada mixta, medio pollo al ajo con papas, postre, café y pan — 2400

Primer plato 1. _____

 2. _____

Segundo plato 1. _____

 2. _____

Postre _____

Champán ☐ Sí ☐ No

Vino, agua, pan y café incluidos en el precio para grupos de veinticinco o más.

Señor Jiménez:

 También necesitamos un menú especial para vegetarianos, que va a ser lo siguiente:

Primer plato _____

Segundo plato _____

Postre _____

Actividad 9: Un sobreviviente.   Un grupo terrorista puso una bomba en un avión. La bomba explotó y causó un accidente terrible. Murieron algunas personas en el ataque, pero sobrevivió *(survived)* la mayoría. Completa la descripción que le dio a la policía uno de los sobrevivientes. Usa el siguiente proceso: primero, lee el párrafo. Luego, léelo otra vez, selecciona los verbos de la lista correspondiente y escribe las formas apropiadas del pretérito o el imperfecto. Finalmente, lee el párrafo otra vez para revisarlo. ¡Ojo! Usa cada verbo solamente una vez.

decir, encontrar, estar, haber, ir, llegar, parecer, tener, volar

Yo _____ a ir de Santiago a Lima, pero obviamente no _____. En el

aeropuerto todo _____ normal. Durante muchos años yo _____ con

frecuencia (dos días por semana) de Santiago a Lima por mi trabajo y hoy me _____ un

día normal. Una vez, hace un año, recuerdo que _____ que bajar del avión porque

_____ que _____ una bomba, pero al final los expertos no

_____ nada.

decir, hacer, pasar, preocupar, salir, ser, subir, tener, volver

   Hoy los pasajeros _____ por el control de maletas y _____ al

avión. El avión _____ de Santiago sin problemas. Acababan de darnos las bebidas

cuando de repente el piloto nos _____ que _____ que volver a

Santiago, pero no nos _____ el anuncio porque durante muchos otros viajes, a menudo

el avión _____ a Santiago porque _____ mal tiempo en Lima. Pero

hoy no _____ así.

gritar, llorar, oír, tener

   De repente _____ la explosión. La gente _____ y

_____. No recuerdo el momento del impacto. Sólo sé que _____

muchísima suerte.

Actividad 10: Las apariencias.   Describe esta situación un poco rara que ocurrió anoche en la casa de Juan cuando él y su novia, Marta, les dijeron a los padres de ella que querían casarse. Usa participios pasivos *(past participles)* como adjetivos en tu descripción. Usa las siguientes palabras en tu descripción: **platos / lavar; lavaplatos / abrir; plato / romper; pequeño animal / morir; carne / preparar; nota / escribir; ojos / cubrir; mesa / poner; ensalada / servir.**

▶ ¡Qué desastre! Los platos están en el fregadero y no *están lavados.*

_____
_____
_____
_____
_____
_____
_____
_____
_____
_____
_____
_____
_____
_____
_____
_____
_____

Actividad 11: La variedad geográfica. Asocia las palabras de la Columna A con las de Columna B.

A

1. _____ Misisipí
2. _____ Caracas
3. _____ Etna
4. _____ las Galápagos
5. _____ los Pirineos
6. _____ Jack y Jill
7. _____ Atlántico
8. _____ Malibú
9. _____ Michigan, Superior y Titicaca

B

a. islas
b. volcán
c. colina
d. playa
e. río
f. océano
g. ciudad
h. lagos
i. montañas

Actividad 12: Comparando. Escribe oraciones comparando estas personas o cosas. ¡Ojo! Algunas usan superlativos y otras usan comparativos.

▶ Cindy Crawford / Roseanne / Liz Taylor / delgado
Cindy Crawford es la más delgada de las tres.

1. Michael Jordan / Shaquille O'Neal / bueno _____

_____

2. México / Guatemala / El Salvador / grande _____

_____

3. mis hermanos / tus hermanos / joven _____

_____

4. carro / costar / más / diez mil dólares _____

_____

5. Clinton / Dole / Bush / joven _____

_____

6. Danny DeVito / Tom Hanks / bajo _____

_____

Actividad 13: Exagerando. Escribe estas oraciones de otra manera sin cambiar su significado. Usa **-ísimo** y escribe acentos cuando sea necesario.

1. Clara Inés es muy guapa. _____

2. Pablo es muy alto. _____

3. El examen fue muy fácil. _____

4. Ella tiene pelo muy largo. _____

5. El programa fue muy malo. _____

Actividad 14: La geografía. Completa este crucigrama.

Horizontales

4. Es una carretera para carros de alta velocidad.

6. Es más pequeña que una montaña.

7. El Amazonas o el Orinoco.

8. Donde vive Tarzán.

11. Un lugar entre dos montañas: Napa es un _____.

12. Titicaca es el _____ navegable más alto del mundo.

13. El Atlántico o el Pacífico.

14. El Mediterráneo.

Verticales

1. Los romanos construyeron muchos, pero uno muy famoso y moderno conecta Manhattan y Brooklyn.

2. Iguazú o el Salto Ángel.

3. No es la ciudad.

5. Puerto Rico, Cuba o Mallorca.

9. De esto sale lava cuando hace erupción.

10. Viajando por la _____ este de España, vimos el Mediterráneo.

Actividad 15: ¿Cuánto sabes?   Marca estas oraciones **C** (cierta) o **F** (falsa). Corrige las oraciones falsas.

1. _____ El Aconcagua es la montaña más alta del mundo.

_____

2. _____ Hay más de veinticinco países de habla española en el mundo.

_____

_____

3. _____ San Agustín, en la Florida, es la ciudad más vieja de los Estados Unidos.

_____

_____

4. _____ El Salto Ángel, en Venezuela, es la catarata más alta del mundo.

_____

_____

5. _____ La papa es más importante en Centroamérica y en México que en Suramérica.

_____

_____

6. _____ Pablo Casals fue el mejor guitarrista del mundo.

_____

Actividad 16: Alquiler de carros.   Lee este anuncio de Hertz y contesta las preguntas usando oraciones completas.

Latinoamérica A Su Alcance^MR con Hertz.
Descubra el colorido de un mundo de culturas.

Argentina. Brasil. Chile. Venezuela. Perú. Panamá. Y otros siete destinos en Latinoamérica. En cada uno encontrará un mundo de culturas. Países donde verá ruinas arqueológicas casi junto a modernas ciudades. Además de magníficas playas, paisajes montañosos, selvas y miles de maravillas naturales.

Desde Centroamérica hasta la Patagonia, Hertz le espera con un flamante auto, limpio y cómodo, con tarifas garantizadas en dólares (US$). Hertz le proporcionará el placer de descubrir las bellezas de este Nuevo Mundo, mientras disfruta del servicio y la experiencia de la compañía de alquiler de autos más importante en Latinoamérica.

1. ¿En cuántos países latinoamericanos tiene oficinas Hertz? _____

_____

2. Latinoamérica es un lugar de contrastes. ¿Con qué contrasta Hertz las ruinas arqueológicas? _____

_____

3. Hertz habla de variedad geográfica. ¿Qué cosas menciona el anuncio? _____

_____

4. ¿Dónde crees que esté la Patagonia? ¿Cerca o lejos de Centroamérica? _____

_____

5. ¿Hertz te puede garantizar un precio antes de salir de los Estados Unidos, o depende del país y a cuánto está el dólar? _____

_____

Actividad 17: El ejercicio y la salud. Compara los siguientes gimnasios. Usa el comparativo o el superlativo.

	Cuerposano	Musculín	Barriguita
Número de clases aeróbicas	14/semana	7/semana	21/semana
Precio	$1.700/año	$2.500/año	$1.875/año
Piscina	50 metros	25 metros	40 metros
Número de miembros	1500 Hombres y mujeres	1400 Para toda la familia	1350 Sólo mujeres
Extras	Bar con jugos y sándwiches	Máquinas de Coca-Cola, boutique	Bar, cafetería y restaurante

1. clases aeróbicas: Cuerposano / Musculín _____

_____

2. precio: Cuerposano / Musculín / Barriguita _____

_____

3. piscina: Cuerposano / Musculín / Barriguita _____

_____

4. número de miembros: Musculín / Barriguita _____

5. En tu opinión, ¿cuál es el mejor gimnasio? ¿Por qué? _____

_____

_____

Actividad 18: La familia Villa. Mira el dibujo de la familia Villa y lee las pistas *(clues)*. Después identifica el nombre de la persona en cada dibujo, su edad y qué hace. ¡Ojo! Debes escribir tus respuestas con lápiz.

1   2   3   4   5

Pistas

Felisa es la más alta de las hermanas.

El estudiante tiene un año más que el dentista y un año menos que la secretaria.

La secretaria tiene el pelo más largo de todos.

David es más alto que el dentista.

El menor de la familia tiene veinticinco años y se llama Felipe.

La persona que tiene dos años más que Felisa es doctora.

El estudiante no trabaja.

La mayor de todos los hermanos tiene treinta y cuatro años y es la más delgada.

La hermana más alta de las tres es arquitecta.

Maribel es mayor que Ana; Ana tiene sólo veintisiete años.

	Nombre	Edad	Ocupación
1.	_____	_____	_____
2.	_____	_____	_____
3.	_____	_____	_____
4.	_____	_____	_____
5.	_____	_____	_____

Actividad 19: ¿Cómo es tu familia? Escribe una pequeña descripción de tu familia usando comparativos y superlativos. Usa adjetivos como **interesante, inteligente, trabajador/a, mayor, menor,** etc.

_____

_____

_____

_____

_____

Estrategia de lectura: **Reading an Interview Article**

Remember that when reading an interview article you should go through the following steps to give you some background information ahead of time:

- Read the headline and subheadline.

- Look at accompanying photographs, drawings, graphs or tables.

- Scan the text for the interviewer's questions.

Actividad 20: Lee y adivina.   Lee el título, el subtítulo y las preguntas; luego mira los dibujos. Ahora, contesta esta pregunta.

¿Cuál es la idea principal del artículo?

  a. la música de España

  b. la historia de la música hispana

  c. la historia de la música hispanoamericana

EL MUNDO DE LA MÚSICA HISPANA

Entrevista con el cantante boliviano Pablo Cuerda[1]

POR LAURA RÓGORA

Entré en la sala de su casa y allí me esperaba sentado con su guitarra, compañera inseparable. Charlamos un poco sobre su gira musical por Europa y luego comencé así.

—**¿Me puedes contar un poco sobre las influencias que hubo en la música hispana?**

—Bueno, la influencia fundamental en España fue la de los árabes. Su música fue la base del flamenco de hoy día que es popular en el sur de España.

—**Y el flamenco influyó en la música hispanoamericana, ¿verdad?**

—Exactamente. El instrumento principal del flamenco es la guitarra y los españoles la trajeron al Nuevo Mundo.

—**¿Y los indígenas adoptaron este instrumento?**

—Bueno, es decir, lo adaptaron porque crearon instrumentos más pequeños como el cuatro y el charango, que está hecho del caparazón del armadillo. Y, naturalmente, la música indígena es la base de gran parte de la música moderna hispanoamericana.

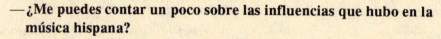

[1] *Pablo Cuerda is a fictitious character.*

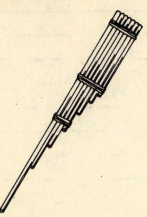

—Muy interesante. ¿Y qué otra influencia importante existe?

—Pues, la más importante para la zona caribeña fueron los ritmos africanos de los esclavos, que fueron la inspiración para la cumbia colombiana, el joropo de Venezuela, el merengue dominicano, el jazz y los blues norteamericanos y también para la salsa.

—La salsa. ¡Qué ritmo!

—Por supuesto, ¿y sabes que Cuba, Puerto Rico y Nueva York se disputan su origen? Pero en realidad fue en Nueva York donde se hizo famosa la salsa.

—¿Hay otros movimientos musicales recientes?

—Era justo lo que iba a decir. Un movimiento es el de la "Nueva Trova Cubana" con Silvio Rodríguez y Pablo Milanés, quienes cantan canciones de temas políticos, sociales y sentimentales. El otro movimiento importante es la "Nueva Canción" que nació en Chile en la década de los sesenta. Este tipo de música se conoció en el resto del mundo cuando Simon y Garfunkel incluyeron en un álbum "El cóndor pasa", una canción del conjunto Los Incas, quienes pertenecen a este movimiento.

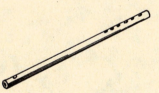

—Pero, ¿qué es la Nueva Canción?

—Es un estilo de música que tiene como elementos esenciales el uso de los ritmos e instrumentos tradicionales de los indígenas de los Andes. Las canciones son de protesta, o sea, de tema político, y critican la situación socioeconómica de los países hispanos. Este estilo de música se conoce ahora en todo el mundo.

—… Y esto nos lleva a mi última pregunta. ¿Qué escucha la gente joven hoy día?

—La gente joven escucha de todo: la Nueva Canción, rock nacional y extranjero, la Nueva Trova … En el Caribe los jóvenes escuchan también salsa y merengue y los bailan muchísimo. Permíteme ahora tocarte una canción de Juan Luis Guerra, un innovador de la música hispanoamericana de los años 90.

Y así terminó nuestra entrevista: con un ritmo y una melodía maravillosos.

Actividad 21: Completa las ideas.   Después de leer el texto, escribe una o dos oraciones sobre cada una de las siguientes ideas relacionadas con el texto.

1. la guitarra _____

   _____

2. los esclavos africanos _____

   _____

3. la salsa _____

   _____

4. "El cóndor pasa" _____

   _____

5. La Nueva Trova _____

   _____

6. La Nueva Canción _____

   _____

Capítulo 13

PRÁCTICA MECÁNICA I

Actividad 1: Definiciones.   Lee las definiciones y escribe la palabra correcta. Después, contesta la pregunta que está al final usando las letras indicadas.

1. Llevar a los pasajeros del aeropuerto al hotel y del hotel al aeropuerto.

   _ _ _ _ _ _ _ _
   7   6

2. Le damos esto a un camarero o a un taxista.

   _ _ _ _ _ _ _
        3

3. El plan del viaje.

   _ _ _ _ _ _ _ _ _
   1

4. El opuesto de obligatorio.

   _ _ _ _ _ _ _ _ _
                8

5. Los papeles que necesitas para entrar a un museo.

   _ _ _ _ _ _ _ _ _
   5   9

6. La persona que nos explica puntos de interés.

   _ _ _
    4

7. La comida del mediodía.

   _ _ _ _ _ _ _
        2

¿Qué es algo que nadie quiere pagar?

   _ _ _ _ _ _ _ _ _
   1 2 3 4 5 6 7 8 9

Actividad 2: ¿Lo has hecho?   Completa las siguientes oraciones con la forma correcta del pretérito perfecto *(present perfect)* de los verbos indicados.

1. María nunca _____ _____ porque tiene miedo.   (esquiar)
2. Gustavo, ¿_____ _____ gazpacho alguna vez?   (tomar)
3. Yo nunca _____ _____ sangría porque le tengo alergia al vino.   (beber)
4. Nosotros no le _____ _____ a la abuela todavía.   (escribir)
5. ¿_____ _____ el Museo de Antropología los chicos?   (ver)
6. ¿_____ _____ Ud. por aduanas?   (pasar)
7. Mi abuelo tiene ochenta y nueve años, maneja un carro y nunca _____ _____ un accidente.   (tener)
8. Perdón, pero nosotros no lo _____ _____ todavía.   (hacer)

Actividad 3: Espero que hayas entendido. Completa estas oraciones con el subjuntivo de los verbos indicados. Algunas usan formas de **haber,** otras no.

1. Son las tres y Felipe iba a llegar a las dos. Es posible que su avión no

   _____ a tiempo.   (llegar)

2. Ojalá que los chicos _____ pronto.   (venir)

3. Es posible que tus padres no _____ hoy.   (volver)

4. Es probable que el concierto _____ mañana.   (ser)

5. Es tarde; tal vez Pedro y Pablo ya _____.   (salir)

6. Iban a pasar por aquí antes de salir, pero es posible que _____ problemas

   con el carro.   (tener)

7. ¿Seguro que no tienes el pasaporte? Quizás lo _____ en el hotel.   (dejar)

8. No están aquí y hace media hora que esperamos. Dudo que _____.

   (venir)

9. Esperamos que el presidente _____ algo mañana sobre los impuestos.

   (decir)

10. Necesito una persona que me _____.   (entender)

Actividad 4: ¡Ay, ay, ay! Forma oraciones diciendo qué les pasó a estas personas. Sigue el modelo.

▶ a Juan / perder / pasaporte   *A Juan se le perdió el pasaporte.*

1. a mí / olvidar / examen _____

   _____

2. a los niños / romper / ventana _____

   _____

3. a Ramón / perder / niños _____

   _____

4. a ti / caer / libros _____

   _____

5. a nosotros / olvidar / pagar _____

   _____

PRÁCTICA COMUNICATIVA I

Actividad 5: Tus preferencias. *(a)* Quieres visitar Puerto Rico. Contesta las siguientes preguntas usando oraciones completas.

1. ¿Te gusta más tener un itinerario con los días planeados o tener mucho tiempo libre?

   _____

   _____

2. ¿Te gusta hacer muchas excursiones o prefieres alquilar un carro e ir con un grupo pequeño?

   _____

   _____

3. ¿Prefieres tener las comidas incluidas en el precio o te gusta probar los restaurantes del lugar?

   _____

   _____

(b) Usando tus respuestas, decide cuál de estos dos viajes te gustaría hacer y explica por qué.

Puerto Rico—Viaje I

7 días, 6 noches en San Juan
Traslados, hotel de lujo
Todas las comidas incluidas
Excursiones a Luquillo y El Yunque
Excursión opcional a Ponce
Impuestos y propinas incluidos

Puerto Rico—Viaje II

7 días, 6 noches en San Juan
Traslados, hotel de lujo
Comida de bienvenida y cena de despedida
Excursiones opcionales a toda la isla
Impuestos incluidos

_____

_____

_____

Actividad 6: Las aventuras. Viste esta prueba *(test)* en una revista. Contesta estas preguntas usando oraciones completas para saber si tú o tus amigos son muy aventureros.

1. ¿Has saltado de un avión? _____

   _____

2. ¿Has dormido toda la noche en un carro? _____

   _____

3. ¿Te han despertado tus amigos a las cuatro de la mañana para salir con ellos? _____

   _____

4. ¿Han nadado tú y tus amigos sin traje de baño? _____

   _____

5. ¿Te has enamorado de alguien a primera vista? _____

_____

6. ¿Has llamado al trabajo alguna vez diciendo que estabas enfermo/a, y has salido después con tus

amigos? _____

_____

7. ¿Has dejado un buen trabajo para hacer un viaje? _____

_____

El resultado: Dos puntos por cada respuesta afirmativa y un punto por cada respuesta negativa.

1–6	Lee las instrucciones otra vez. No sabes matemáticas.
7–8	Llevas una vida muy tranquila y necesitas ser más atrevido/a *(daring)*
9–10	Tu vida es normal (un poco aburrida, pero normal).
11–12	Eres bastante aventurero/a. Te gusta vivir bien.
13–14	Necesitas controlarte más, buscar un trabajo y ser una persona más responsable.

Actividad 7: Deseos y probabilidades. Lee estas situaciones y completa las oraciones usando formas de **haber.**

1. Ves un accidente de carros y unas botellas de vino; también hay una ambulancia.

Es probable que _____.

2. Tu jefe quiere una secretaria bilingüe (español/inglés), sin niños, lista para viajar.

Mi jefe busca una persona que _____.

3. Tu hijo te dijo que iba a tomar un avión a las tres o a las cinco. El avión de las tres tuvo un accidente.

No te ha llamado todavía.

Espero que _____.

4. Quieres recibir una carta de tu novio/a. Estás esperando al cartero y le dices a un amigo:

Ojalá que me _____.

5. Tienes un boleto de lotería y estás escuchando las noticias de las ocho.

Ojalá que _____.

Actividad 8: Un puesto vacante.   Olivia y Sergio entrevistaron a dos candidatos diferentes para un puesto de trabajo y ahora están comparando sus impresiones. Primero, lee la conversación. Después de leerla, usa el pretérito perfecto (**he, has, ha ...** + participio pasivo) o el pretérito perfecto del subjuntivo (**haya, hayas, haya ...** + participio pasivo) de los verbos indicados para completar la conversación.

OLIVIA   Vamos a ver ... ¿Elisa Piñeda _____ en otro país?   (vivir)

SERGIO   Sí, vivió en Bélgica por tres años y allí trabajó para la Comunidad Europea. Y Francisco

Tamames, ¿_____ como supervisor antes?   (trabajar)

OLIVIA   Sí, pero dudo que _____ muchas responsabilidades.   (tener)

SERGIO   Pero, ¿piensas que _____ de esa experiencia?   (aprender)

OLIVIA   No sé, me dio la impresión que no, pero es muy inteligente y creo que puede aprender

rápidamente. Y la Srta. Piñedo, ¿_____ programación con

Lotus alguna vez?   (hacer)

SERGIO   Sí, pero no mucho.

OLIVIA   Tenemos que decidir pronto porque es posible que el Sr. Tamames ya

_____ un puesto en otra compañía.   (aceptar)

SERGIO   Tienes razón, pero no me gusta tomar decisiones rápidas. Creo que es mejor entrevistar a

más personas y tomar la decisión para el final de esta semana.

OLIVIA   Buena idea. Estoy totalmente de acuerdo.

Actividad 9: ¡Qué desastre de familia!   Termina esta parte de una carta que Martín le escribió a su primo. Lee todo primero, y después termina la carta con frases como **se me olvidó.** Usa verbos como **caer, olvidar, perder, quemar** y **romper.**

No me vas a creer, pero ayer fue un día fatal. Todo empezó a las 8:15 de la mañana. Iba a llevar a mi

esposa al aeropuerto porque tenía que ir a Santo Domingo en viaje de negocios. Salí con mi hijo,

Ramoncito, y mi esposa y cerré la puerta, pero ¡_____ _____ _____ las llaves dentro

de la casa! Abrí una ventana y Ramoncito entró, pero _____ _____ _____ la ventana

(el niño está un poco más gordo que la última vez que lo viste). Finalmente, Ramoncito salió de la casa

con las llaves en la mano. Tuvimos que parar para comprar gasolina. Le estábamos echando gasolina al

carro, cuando de repente oímos una explosión. Ramoncito y yo corrimos rápidamente al otro lado de la

calle y no nos pasó nada; pero _____ _____ _____ el carro. Mi esposa estaba en el

baño y con la explosión, a ella _____ _____ _____ los anteojos en el inodoro. Ella

salió corriendo del baño sin poder ver nada y con toda la confusión, _____ _____

_____ su bolso. Claro, los pasajes de avión estaban en el bolso, así que obviamente, ella

perdió el vuelo. ¿Verdad que esto parece de novela? ¡Qué día!

Actividad 10: Las joyas. Asocia las palabras en la Columna A con las palabras en la Columna B. Escribe todas las posibilidades para cada una.

A

1. _____ diamante
2. _____ cadenas
3. _____ esmeralda
4. _____ anillo
5. _____ arete
6. _____ perla
7. _____ reloj

B

a. oreja
b. Suráfrica
c. casarse
d. Rolex
e. verde
f. Colombia
g. el mar
h. brillante
i. Mallorca
j. la prisión
k. dedo
l. collar

Actividad 11: ¿Qué está haciendo? Di que está haciendo el hombre en cada dibujo. Usa **está + –ando/–iendo.**

> *El hombre está entrando al edificio.*

1.
2.
3.
4.
5.

1. _____
2. _____
3. _____
4. _____
5. _____

Actividad 12: Dando direcciones. Mira los dibujos de la *Actividad 11* y escribe un mandato *(command)* para cada acción.

▶ *Entre Ud. al edificio.*

1. _____
2. _____
3. _____
4. _____
5. _____

Actividad 13: Los mandatos. Escribe los mandatos correspondientes. Usa los pronombres de los complementos directos cuando sea posible.

1. Ud. debe salir de aquí. _____

2. Uds. no deben copiar en el examen. _____

3. Ud. tiene que ponerse el abrigo. _____

4. Ud. debe comerlo. _____

5. Uds. no deben comprarlos. _____

6. Ud. no debe buscar problemas. _____

7. Uds. lo tienen que hacer ahora. _____

8. Ud. no debe dármelo. _____

9. Uds. no se lo deben decir. _____

10. Ud. tiene que volver a su casa. _____

Actividad 14: Comparaciones. Escribe comparaciones basadas en los dibujos.

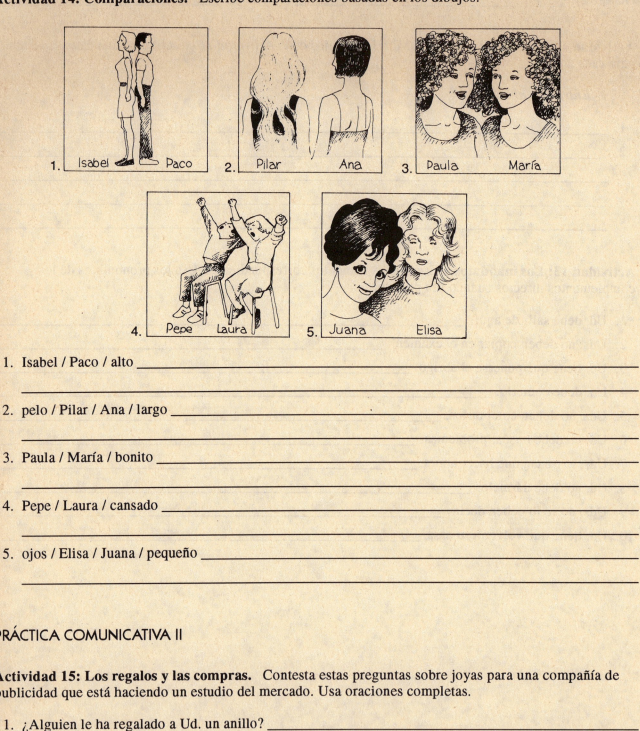

1. Isabel / Paco / alto _____
_____

2. pelo / Pilar / Ana / largo _____
_____

3. Paula / María / bonito _____
_____

4. Pepe / Laura / cansado _____
_____

5. ojos / Elisa / Juana / pequeño _____
_____

PRÁCTICA COMUNICATIVA II

Actividad 15: Los regalos y las compras. Contesta estas preguntas sobre joyas para una compañía de publicidad que está haciendo un estudio del mercado. Usa oraciones completas.

1. ¿Alguien le ha regalado a Ud. un anillo? _____
_____

   Si contesta que sí, ¿quién se lo regaló y por qué? _____
_____

2. ¿Ha comprado Ud. un reloj en el último año? _____
_____

3. ¿Le ha regalado Ud. alguna joya a alguien durante el último año? _____

_____

Si contesta que sí, ¿qué le regaló Ud. y a quién? _____

_____

4. ¿Qué joya le gustaría a Ud. recibir como regalo este año? _____

_____

Actividad 16: ¡Ojo!   Mira estos dibujos y escribe mandatos apropiados.

1. _____   2. _____

3. _____   4. _____

Actividad 17: Mandatos.   Escribe mandatos que puedas escuchar cuando estés viajando. Usa pronombres de los complementos directos cuando sea posible. Sigue el modelo.

▶ dejar / maletas / en el autobús   *Déjenlas en el autobús.*

1. no perder / pasaporte _____

2. pagar / pasajes _____

3. no olvidar / entradas _____

4. alquilar / carros / temprano _____

5. llenar / declaraciones de aduana / inmediatamente _____

_____

Actividad 18: Los anuncios. Trabajas para una compañía de publicidad. Tienes que escribir frases que llamen la atención *(catchy phrases)*. Usa **tan ... como** en tus oraciones.

▶ el detergente Mimosil

El detergente Mimosil te deja la ropa tan blanca como la nieve.

1. la película *Rambo VIII* _____

_____

2. el disco nuevo de Paul Simon _____

_____

3. la pasta de dientes Sonrisa feliz _____

_____

4. la dieta Kitakilos _____

_____

5. el nuevo carro Mercedes Sport _____

_____

Estrategia de lectura: Linking Words

Linking words establish relationships between parts of a text and provide smooth transitions as you read. There is a list of common Spanish linking words in Chapter 13 of your textbook. You will practice working with such words in the following activities.

Actividad 19: Antes de leer. Contesta estas preguntas antes de leer el artículo y sin consultar ningún libro ni hablar con nadie. Si no sabes la respuesta, escribe "No tengo idea".

1. ¿Quiénes fueron los primeros inmigrantes que llegaron a los Estados Unidos? _____

_____

2. ¿Por qué vinieron? _____

_____

3. ¿Dónde hay grandes concentraciones de inmigrantes hispanos en los Estados Unidos? _____

_____

4. ¿Piensas que la cultura hispana es heterogénea u homogénea? _____

_____

5. ¿Piensas que los inmigrantes que vienen a los Estados Unidos pierden sus costumbres en las

sucesivas generaciones? _____

_____

Actividad 20: Conecta.   Al leer el texto, contesta estas preguntas sobre las palabras que conectan *(linking words).*

1. ¿Qué ideas contrasta **sino también** en la línea 2? _____
_____

2. ¿Qué grupos contrasta **a diferencia de** en la línea 8? _____
_____

3. ¿Qué añade **a la vez** en la línea 11? _____
_____

4. ¿Qué compara **por otro lado** en la línea 18? _____
_____

En busca de un nuevo mercado

La población de los Estados Unidos está formada en su gran mayoría por inmigrantes o descendientes de inmigrantes que han venido no sólo de Europa, sino también de muchas otras partes del mundo. Los hispanos forman parte de estos inmigrantes; hay más de 22 millones de hispanos en el país y se predice que para el año 2015 esta población va a exceder los 40 millones de habitantes, sobrepasando a los negros como la minoría más grande del país. 5
Muchas compañías comerciales están investigando e invirtiendo en este creciente mercado hispano.

   A diferencia de los norteamericanos, los hispanos gastan una mayor parte de su sueldo en productos para el hogar, a pesar de tener un sueldo promedio menor. Y aunque la mayoría de los inmigrantes hispanos va asimilándose al idioma inglés y a la cultura estadounidense a 10
través de las generaciones, conserva a la vez su idioma y su identidad hispana. Muchos de ellos (mexicanos, puertorriqueños, cubanos y centroamericanos) viven relativamente cerca de su país de origen y esto les permite estar en contacto con su familia, sus amigos y su cultura. Los hispanos también mantienen contacto con su lengua y con su cultura a través de las cadenas hispanas de televisión de los Estados Unidos y de muchos periódicos y revistas. 15

   Basadas en sus investigaciones, las compañías comerciales hacen dos tipos de propaganda para los hispanos. Por un lado, hay propaganda dirigida a la comunidad hispana en general y por otro lado, debido a las diferencias entre hispanos de diferentes países, hay propaganda dirigida hacia grupos en particular. Por ejemplo, una propaganda de la cerveza Coors basada en un rodeo puede ser muy popular entre los mexicanos de Los Ángeles, San Antonio y Houston, 20
pero no entre otros grupos de hispanos. Asimismo, la compañía Goya Foods presenta una propaganda de frijoles rojos para la comunidad puertorriqueña de Nueva York y otra de frijoles negros para la comunidad cubana de Miami. En este anuncio de Kentucky Fried Chicken usan la palabra "chévere". Esto indica que el anuncio es para gente de origen caribeño.

Uno, Dos y Tres, ¡Qué Pollo Más Chévere... El de Kentucky es!

El creciente poder adquisitivo de la población hispana en los Estados Unidos, más de 130 mil millones de dólares,[1] ha hecho que el mundo de los negocios tome conciencia de la importancia de este mercado. Las compañías comerciales, con la ayuda de expertos norteamericanos e hispanos, empiezan a comprender que la cultura hispana se basa en una multitud de culturas diferentes, que tienen puntos en común, pero que también tienen características y sutilezas propias.

25

30

[1] $130 billion

5. ¿Qué ejemplifica **por ejemplo** en la línea 19? _____

_____

6. ¿Para quién es el anuncio de Kentucky Fried Chicken? _____

_____

Actividad 21: ¿Qué aprendiste?   Anota *(jot down)* lo que aprendiste del artículo sobre los siguientes temas.

1. La diferencia entre la inmigración europea e hispana

_____

_____

2. Los factores que motivan a las compañías norteamericanas a invertir en el mercado hispano

_____

_____

_____

Capítulo 14

PRÁCTICA MECÁNICA I

Actividad 1: Asociaciones.   Asocia las frases de la Columna A con las palabras de la Columna B.

A

1. _____ Cuando tienes una caries, te ponen esto.

2. _____ En los EE.UU. las hay de uno, de cinco,
de diez, de veinticinco y de cincuenta
centavos.

3. _____ Es bueno hacerlo dos veces al año.

4. _____ El de un dólar tiene la cara de George Washington.

5. _____ No salgas de viaje sin ellos.

6. _____ Te dice a cuánto está el dólar.

7. _____ Tienes cuatro en la parte de atrás de la boca.

8. _____ Visa, MasterCard, American Express, etc.

9. _____ Si quieres sacar dinero vas allí.

B

a. las muelas del juicio

b. el billete

c. las tarjetas de crédito

d. los cheques de viajero

e. las monedas

f. la limpieza de dientes

g. el empaste

h. el cajero

i. la caja

j. el cambio

Actividad 2: Mandatos.   Cambia estas oraciones por mandatos. Usa pronombres de los complementos si es posible.

▶ Debes comer el sándwich.   *Cómelo.*

1. Tienes que decirle la verdad al policía. _____

_____

2. Necesitas escribirme un informe. _____

_____

3. No debes salir ahora. _____

4. Tienes que ponerlo allí. _____

5. Quiero que me busques después de la clase. _____

_____

6. No debes tocarlo. _____

7. Te aconsejo que lo hagas. _____

8. Debes afeitarte. _____

9. No debes decírselo a nadie. _____

_____

10. No tienes que empezarlo ahora. _____

_____

Actividad 3: Más mandatos.   Completa estas oraciones con la forma correcta de los verbos indicados en el subjuntivo o el indicativo.

1. Te digo que yo no _____ qué pasó.   (saber)

2. El policía les está diciendo que _____ de aquí.   (salir)

3. Le digo a Ud. que me _____ el dinero mañana o voy a llamar a mi abogado.
   (traer)

4. Me dice que mañana _____ a nevar.   (ir)

5. Tu madre siempre te dice que no _____ eso.   (hacer)

6. Les dice que _____ esos papeles a la oficina.   (llevar)

7. Nos dicen que _____ mala la comida en este restaurante.   (ser)

8. ¿Nos estás diciendo que _____ nosotros?   (ir)

PRÁCTICA COMUNICATIVA I

Actividad 4: Una visita al dentista.   Completa esta conversación entre un paciente y su dentista.

DENTISTA   ¿Cuánto tiempo hace que se hizo Ud. una limpieza de dientes?

PACIENTE   _____.

DENTISTA   Muy mal, muy mal. Debe hacérsela _____.

PACIENTE   No lo sabía.

DENTISTA   Además, tiene dos caries.

PACIENTE   Entonces, me va a poner dos _____, ¿no?

DENTISTA   No, voy a ponerle sólo uno.

PACIENTE   ¿Uno?

DENTISTA   Sí, porque el otro está en una _____.

PACIENTE   ¿Y qué?

DENTISTA   Creo que debemos sacarla.

Actividad 5: En el banco.   Lee estas miniconversaciones y di qué está haciendo la Persona A. Usa oraciones completas.

1. PERSONA A   ¿Escribo mi nombre aquí?

   PERSONA B   No, en la línea que hay abajo.

   _____

2. PERSONA A   ¿Cómo quiere el dinero?

   PERSONA B   Cuatro billetes de veinte y dos de diez, por favor.

   _____

3. PERSONA A   ¿A cuánto está el dólar?

   PERSONA B   A 125.

   _____

4. PERSONA B   Firme Ud. ahora en esta línea; después al usarlos escriba la fecha y firme otra vez aquí

                 abajo. Es importante que firme delante del cajero. Si los pierde no hay problema; sólo

                 tiene que llamar a este número.

   PERSONA A   Muchas gracias.

   _____

Actividad 6: La vida de los niños.   Escribe tres mandatos afirmativos y tres mandatos negativos que los padres normalmente les dan a sus hijos pequeños.

1. _____
2. _____
3. _____
4. No _____ .
5. No _____ .
6. No _____ .

Actividad 7: Una vida de perros.   Tienes un perro inteligente pero a veces muy malo. Escribe estos mandatos para tu perro.

1. sentarse _____

2. traer el periódico _____

3. bailar _____

4. no molestar a la gente _____

5. no subirse al sofá _____

6. acostarse _____

7. no comer eso _____

8. quedarse allí _____

Actividad 8: Cómo llegar a mi casa.   Escribe instrucciones para un amigo sobre cómo ir desde tu clase de español hasta tu residencia/apartamento/casa. Da instrucciones muy completas y usa mandatos. Por ejemplo: **Sal de la clase y baja las escaleras. Al salir del edificio, dobla a la derecha. Camina dos cuadras. Al llegar a la calle Washington, dobla a la derecha.** (etc.)

_____

_____

_____

_____

_____

_____

Actividad 9: ¡Qué desastre de amigo!   Tienes un amigo muy torpe *(clumsy)*. Siempre tiene accidentes. Mira estos dibujos y escribe los mandatos apropiados.

1.   2.   3.   4.

1. cruzar: _____

2. tocarla: _____

3. domirse: _____

4. olvidarlas: _____

Actividad 10: ¿Una amiga?   Conoces a una persona que piensa que tú eres su mejor amigo/a y te llama a todas horas. Le estás explicando a tu amigo Manolo cuánto te molesta ella. Completa la conversación.

MANOLO	¿Qué cosas te dice esta mujer?
TÚ	Me dice que su trabajo _____
	y que sus hijos _____.
MANOLO	¿Te habla de sus problemas?
TÚ	Claro, siempre.
MANOLO	¿Y le das consejos?
TÚ	Sí, le digo que _____
	_____.
MANOLO	No puedes continuar así. ¿Qué vas a hacer?
TÚ	¡Le voy a decir que no me _____ más!

PRÁCTICA MECÁNICA II

Actividad 11: Pidiendo el desayuno.   Mira estos desayunos y escribe qué le dirías *(you would say)* al camarero para pedirlos. Usa frases como **quiero, me gustaría** y **quisiera.**

 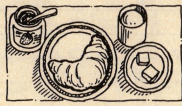 

1.   2.   3.

1. _____

2. _____

3. _____

Actividad 12: Evitando la redundancia.   Cambia estas oraciones para evitar la redundancia.

1. Tengo unos pantalones negros y unos pantalones blancos. _____

   _____

2. Quiero la blusa de rayas y también la blusa azul. _____

   _____

3. ¿Compraste las sillas de plástico y las sillas rojas? _____

   _____

4. Necesito tener unos videos modernos y unos videos viejos. _____

   _____

Actividad 13: La posesión. Cambia estas oraciones usando las formas largas de los adjetivos posesivos.

▶ Mi amigo es guapo.　　*El amigo mío es guapo.*

1. Mi carro es alemán. _____

2. Su casa es grande. _____

3. ¿Sus documentos están aquí? _____

_____

4. ¿Dónde está mi abrigo? _____

5. Nuestros hijos son pequeños todavía. _____

_____

Actividad 14: Los pronombres posesivos. Cambia estas oraciones sustituyendo los sustantivos *(nouns)* por pronombes posesivos.

▶ Mi madre es simpática.　　*La mía es simpática.*

1. Me fascinan tus zapatos. _____

2. ¿Tienes mi disco de Rubén Blades? _____

3. Ellos no necesitan traer sus cintas. _____

4. Nuestros cheques de viajero son de Visa pero los cheques de viajero de Ud. son de American Express.

_____

_____

PRÁCTICA COMUNICATIVA II

Actividad 15: Desayunando en el Hotel O'Higgins. En el Hotel O'Higgins de Viña del Mar, Chile, los huéspedes pueden tomar el desayuno en su habitación. Para hacerlo sólo tienen que completar el pedido y dejarlo en la puerta. Lee los gustos de estos señores y rellena los menús.

Señor Vargas, habitación 508

Tiene mucha hambre. Quiere tomar un desayuno fuerte de huevos con algo de carne. No le gustan los huevos fritos. Le gusta el café pero le molesta el estómago; por eso, prefiere un té con limón. Quiere desayunar antes de las once porque a esa hora tiene una reunión con un cliente.

Señores Higón, habitación 432

El señor no tiene mucha hambre. Sólo quiere algo con cafeína para despertarse y un jugo de tomate si hay. La señora tiene hambre, pero es vegetariana y no come carne. Prefiere el té al café y le gustan los jugos de frutas como papaya o mango. Tienen que desayunar antes de ir al aeropuerto a las nueve.

HOTEL O'HIGGINS

Plaza Vergara - Viña del Mar

Señor Pasajero: Para su mejor atención, haga su pedido de desayuno y colóquelo en la puerta antes de las 4.00 A.M.

QUIERO MI DESAYUNO A LAS _____ HRS.

DESAYUNO CONTINENTAL

Te ☐   Café ☐   Chocolate ☐

Jugo de Naranja ☐   Jugo de frutas de estación ☐

Tostadas ☐   Pan Surtido ☐

Incluye mermelada, mantequilla, quesillo y queque

DESAYUNO AMERICANO

Té ☐   Café ☐   Chocolate ☐

Jugo de Naranja ☐   Jugo de frutas de estación ☐

Huevos revueltos ☐   Fritos ☐   a la Copa ☐

con Jamón ☐   Tocino ☐   tostadas ☐   Pan surtido ☐

Incluye mermelada, mantequilla, quesillo yogurt,
fruta de estación y queque

Pedido Especial

_____
_____
_____

_____   _____
Nº Habitación   Nº Personas

HOTEL O'HIGGINS

Plaza Vergara - Viña del Mar

Señor Pasajero: Para su mejor atención, haga su pedido de desayuno y colóquelo en la puerta antes de las 4.00 A.M.

QUIERO MI DESAYUNO A LAS _____ HRS.

DESAYUNO CONTINENTAL

Te ☐   Café ☐   Chocolate ☐

Jugo de Naranja ☐   Jugo de frutas de estación ☐

Tostadas ☐   Pan Surtido ☐

Incluye mermelada, mantequilla, quesillo y queque

DESAYUNO AMERICANO

Té ☐   Café ☐   Chocolate ☐

Jugo de Naranja ☐   Jugo de frutas de estación ☐

Huevos revueltos ☐   Fritos ☐   a la Copa ☐

con Jamón ☐   Tocino ☐   tostadas ☐   Pan surtido ☐

Incluye mermelada, mantequilla, quesillo yogurt,
fruta de estación y queque

Pedido Especial

_____
_____
_____

_____   _____
Nº Habitación   Nº Personas

Actividad 16: La corbata manchada.   Al Sr. Sanz se le acaba de manchar *(stain)* la corbata con jugo de tomate y tiene que ir a una reunión importante. Por eso, va a una tienda para comprar una corbata nueva. Completa esta conversación entre el Sr. Sanz y el vendedor. Usa **el, la, los, las** o **uno, una, unos, unas.**

SR. SANZ	Necesito comprar una corbata.
VENDEDOR	Tenemos muchas. ¿Desea Ud. algún color en especial?
SR. SANZ	Quiero _____ roja, pero puede tener otros colores también.
VENDEDOR	Aquí tengo _____ rojas y allí hay _____ rojas con rayas de diferentes colores.
SR. SANZ	Me gustan _____ de rayas, especialmente _____ roja con rayas azules. Es muy elegante, ¿no?
VENDEDOR	Desde luego, y es de seda.
SR SANZ	Bueno, quisiera _____ roja con rayas azules.

Actividad 17: ¡Qué desorden!   Pon esta conversación en orden.

_____ ¡Ah! La veo. Allí está debajo de la cama.

_____ ¿Cuáles?

_1_ ¿Dónde está la mía?

_____ ¿Y has visto mis pantalones?

_____ ¿Tu camisa?

_____ Los verdes.

_____ No sé. ¿Dónde la pusiste?

_____ No tengo idea; por eso te pregunto.

_____ No, pero de todos modos, no te vas a poner la camisa azul con los pantalones verdes.

_____ Sí, la azul.

Actividad 18: Los anuncios.   Tú haces anuncios de televisión para algunos productos comerciales. En tus anuncios, insultas a la competencia. Completa estos anuncios.

▶ Los carros nuestros tienen una garantía de cinco años, pero *los suyos tienen una de tres.*

1. Las neveras nuestras tienen mucho espacio, pero _____.

2. La ropa nuestra es buena y barata, pero _____.

3. Los guías turísticos nuestros saben mucho, pero _____.

Actividad 19: Los compañeros.   Verónica vive en un apartamento con Marisa y no está muy contenta. Eduardo vive con Rafael y tampoco está contento con su compañero. Lee estas descripciones de los dos y completa la conversación. Si es posible, usa frases como **la mía, el mío, ese compañero tuyo/mío, esa compañera tuya/mía.**

Marisa

Deja la ropa por todos lados. No lava los platos. Siempre trae amigos a casa. Nunca limpia el baño. Usa la ropa de Verónica sin pedirle permiso.

Rafael

Siempre habla por teléfono. No paga el alquiler a tiempo. Nunca lava los platos y tampoco limpia el baño. Su novia siempre está en el apartamento y se come la comida de Eduardo.

EDUARDO   Tengo un compañero que me molesta muchísimo.

VERÓNICA   ¡Crees que sólo tú tienes problemas!

EDUARDO   Es que ese compañero _____.

VERÓNICA   Pues, la _____

            tampoco. Pero además, _____.

EDUARDO   Eso no es nada. Ese compañero _____

            _____

VERÓNICA   ¡Qué horror! La _____.

            ¿Y sabes que _____?

EDUARDO   La cosa que más me molesta es que _____

            _____

VERÓNICA   Necesito buscar una compañera que _____

            _____.

EDUARDO   A lo mejor debo _____ también.

Estrategia de lectura: **Recognizing False Cognates**

Throughout the readings in this book, you have probably noticed how many English cognates there are in Spanish. You have also seen that there are false cognates, that is, words that are spelled similarly in both languages, but have different meanings. The following is a list of commonly used false cognates.

actual present-day
asistir a to attend
embarazada pregnant
facultad school/department (of law, English, etc.)
gracioso/a funny
la librería bookstore

la noticia news item
real royal; true
realizar to accomplish
sensible sensitive
simpático/a pleasant, nice
soportar to tolerate

Actividad 20: Antes de leer. Antes de leer la parte de un diario que escribió Juan Carlos, contesta estas preguntas.

1. ¿Has estado en México alguna vez? Si contestas que sí, ¿qué lugares visitaste? _____
_____
_____

2. ¿Sabes qué civilizaciones indígenas vivieron en México? _____
_____
_____

3. Escribe en la primera columna del gráfico lo que sabes sobre estos lugares, cosas o personas relacionados con México. Si no sabes nada, escribe "No sé nada". Después de terminar la primera columna, lee el diario de Juan Carlos y escribe en la segunda columna algo que aprendiste al leer.

Lo que ya sabía	Lo que aprendí al leer
1. Diego Rivera	
2. El Museo de Antropología	
3. Tenochtitlán	
4. Chichén Itzá	

El diario de Juan Carlos

martes, 25 de marzo

Hoy discutí con Álvaro, pues me tenía loco con su dolor de muela. Finalmente fue al dentista, así que ahora está mejor. Hoy dimos una vuelta por la ciudad. Fuimos por el Paseo de la Reforma hasta el Zócalo y visitamos la Catedral y el Palacio Nacional, donde se ve la historia de México en los murales de Diego Rivera. De allí fuimos al Parque de Chapultepec y visitamos el Museo de Antropología. ¡Qué maravilla! La cantidad de objetos olmecas, mayas, toltecas y aztecas que había era impresionante: joyas, instrumentos musicales, cerámica, ropas y, por supuesto, el calendario azteca. Nos contó la guía de la excursión que ya en el siglo XIV los aztecas eran capaces de calcular el año solar.

El imperio azteca consistía en una confederación de tres cuidades—una de ellas era Tenochtitlán, la capital que estaba donde actualmente está la ciudad de México. Es increíble lo bien planeada que estaba la ciudad: tenía agua potable y sistemas sanitarios muchos mejores que los que Europa llegó a tener en el siglo XVIII. (Esto yo ya lo sabía; lo aprendí en la facultad.)

Salimos del museo (demasiado corta la visita; tengo que regresar algún día) y fuimos a la Plaza de las Tres Culturas: ruinas aztecas, una iglesia colonial y rascacielos del siglo XX. ¡Qué buen ejemplo de la mezcla de culturas que hay en el México actual!

miércoles, 26 de marzo

Anoche fuimos a ver el Ballet Folklórico y me fascinó. Me acosté muy tarde y estaba muerto de cansancio. Hoy llegamos a Mérida, Yucatán. El viaje en autobús me cansó mucho pero, por suerte, me divertí charlando con el Sr. Ruiz, porque es muy gracioso. Es una lástima que la Dra. Llanos ya no lo soporte. Llegamos al hotel tardísimo. Ahora a dormir, porque mañana salimos temprano para visitar Chichén Itzá.

jueves, 27 de marzo

Hoy fuimos a las ruinas de Chichén Itzá, donde vivieron muchos de los mayas entre los años 300 y 900 d.C. No se sabe bien dónde comenzó esta civilización: algunos dicen que en el Petén, Guatemala; otros creen que fue en Palenque, México. Los mayas eran muy avanzados en astronomía y matemáticas y conocían el uso del cero antes de que los árabes lo introdujeran en Europa. Cultivaban no sólo el maíz como los aztecas, sino también el cacao, la batata y el chile. Estos genios también inventaron un sistema de escritura jeroglífica. Todo esto es tan fascinante que ahora quiero conocer otras ciudades mayas como Copán en Honduras y Tikal en Guatemala.

Bueno, de Chichén Itzá lo que más me gustó fue el templo de Kukulkán. Es un lugar impresionante; al entrar sentí una sensación de temor y me salí pronto. En este templo hay un jaguar rojo con ojos de jade pintado en la pared. Es bellísimo.

Mañana partimos para Uxmal. A ver si les grabo un cassette a las chicas porque no he tenido tiempo para escribirles.

Actividad 21: Explícalo. Después de leer el texto, explica en otras palabras qué significan las palabras en negrita. ¡No uses inglés!

1. Juan Carlos dice que lo aprendió en la **facultad.**

   _____

   _____

2. La ciudad de Tenochtitlán estaba en el lugar donde **actualmente** está la ciudad de México.

   _____

   _____

3. Juan Carlos dice que el Sr. Ruiz es **gracioso.** _____

   _____

4. La Dra. Llanos no **soporta** al Sr. Ruiz. _____

   _____

Capítulo 15

PRÁCTICA MECÁNICA I

Actividad 1: Los animales.   Los animales de la televisión forman parte de la cultura de los Estados Unidos y de otros países. Di qué tipo de animales son éstos.

1. Leo _____
2. Fernando _____
3. Chita _____
4. Garfield _____
5. Mister Ed _____

6. Yogi y Boo Boo _____
7. Dumbo _____
8. Tweety _____
9. Elsie _____
10. Lassie y Rin Tin Tin _____

Actividad 2: El medio ambiente.   Completa estas oraciones con la palabra o las palabras apropiadas.

1. El hotel usa _____ _____; por eso, no paga mucho en electricidad y calefacción.

2. Todos los meses llevamos los periódicos a un lugar donde los _____.

3. Hay muchos animales que están en peligro de _____.

4. En Chernobil tuvieron un accidente en una planta de _____ _____.

5. En los lagos del norte de los Estados Unidos hay un gran problema con la _____ _____ por el uso del carbón.

6. Hay gente que no sabe qué es la _____ y, por eso, se ven grandes cantidades de _____ en los parques nacionales.

7. La ciudad de Los Ángeles tiene muchos problemas con la _____; hay días en que las personas que sufren de asma y otras enfermedades respiratorias no pueden salir de la casa.

8. Van a abrir una _____ nueva de carros y dicen que va a haber cuatrocientos puestos de trabajo.

Actividad 3: El futuro indefinido. Completa estas oraciones con la forma correcta de los verbos indicados en el subjuntivo o el indicativo (presente o pasado).

1. Cuando _____ tu tío, dile que lo voy a ver mañana.   (venir)

2. Después de que tú _____ esto, quiero salir.   (traducir)

3. Ayer corrimos por el parque hasta que _____ a llover.   (empezar)

4. Voy a ser estudiante hasta que se me _____ el dinero.   (acabar)

5. Debemos estudiar después de que _____ de la película.   (volver)

6. Él me llamó después de que su secretario le _____ el mensaje.   (dar)

7. Le voy a pagar cuando Ud. _____ todo el trabajo y no antes.   (terminar)

8. El hombre me vio cuando yo _____ el dinero de la bolsa.   (sacar)

Actividad 4: ¡Vámonos! Sugiere *(Suggest)* qué debemos hacer.

> estudiarlo   *¡Estudiémoslo!*

1. bailar _____

2. sentarnos _____

3. beberlo _____

4. no decírselo _____

5. levantarnos _____

6. cantar _____

7. no mandárselo _____

8. escribirlo _____

Activiad 5: *¿Qué o cuál/es?* Completa estas preguntas usando **qué** o **cuál/es.**

1. ¿_____ de los carros alquilaste?

2. ¿_____ necesita Ud.?

3. ¿_____ son las exportaciones principales de Venezuela?

4. ¿_____ de éstas quieren Uds.?

5. ¿_____ eres, liberal o conservador?

6. ¿_____ es tu número de teléfono?

7. ¿_____ es la capital de Cuba?

8. ¿_____ es filosofía?

9. ¿En _____ ciudad viven tus abuelos?

10. ¿_____ libro estás leyendo?

PRÁCTICA COMUNICATIVA I

Actividad 6: La conciencia. Lee este anuncio comercial de Bariloche, Argentina; luego marca con una X solamente los métodos de conservación que se mencionan en el anuncio.

Señor Turista:
Bariloche le ofrece
sus bellezas.
Colabore conservándolas.

Esa basura es para la bolsa de residuos.
En su auto comienza una campaña de limpieza.
¡Alto!

De la arena nace el vidrio del vidrio la botella...
Pero la botella no se convierte en arena.
¡No insista!

Las flores son para mirarlas.
¡No las corte!

Cuando vuelan parecen pájaros o mariposas.

Cuando caen son papel y ¡ensucian!
Guárdelos para tirarlos en un lugar adecuado.

Recuerde que los elementos reflectivos (vidrios, latas, etc.)

pueden provocar incendios.

Use y disfrute los bosques, playas y lagos.
Manténgalos limpios.

Limpieza es además cultura.
¡Practíquela aquí también!

1. _____ no tirar papeles

2. _____ reciclaje de productos hechos de vidrio *(glass)*

3. _____ el uso de la energía solar

4. _____ conservar el uso de la electricidad

5. _____ manejar siguiendo los límites de velocidad

6. _____ no tirar basura en los bosques

7. _____ no cortar las plantas

8. _____ reciclar papel de periódico

9. _____ separar la basura en grupos: papeles, plásticos, aluminio, etc.

10. _____ tener una bolsa para la basura en el carro

Actividad 7: El político. Lee esta conferencia que dio un político y di si estás de acuerdo con sus ideas o no. Usa frases como **(no) estoy de acuerdo, (no) creo que, es posible, es un problema,** etc.

Les digo que aquí, en este estado, no hay problemas de contaminación. Quemamos la basura o se la mandamos a otros estados y así preservamos la ecología de nuestro estado tan bonito. Antes teníamos algunas especies de osos y de peces en peligro de extinción; pero ahora tenemos más de cien osos y la situación en nuestros lagos también está mejorando, aunque todavía no es aconsejable comer los peces. Estamos trabajando con todas las fábricas y no hay ni una que contamine el medio ambiente. Vamos a construir una planta nueva para producir energía nuclear que va a dar energía a la parte sur del estado. No tengan miedo de la energía nuclear; es limpia y barata. Además, la planta va a dar trabajo a quinientas personas. Trabajemos juntos para tener el mejor estado posible.

Tu opinión:

_____

_____

_____

_____

_____

_____

_____

_____

Actividad 8: El pesimista. Eres muy pesimista. Completa estas oraciones de forma original.

1. Los políticos van a hacer algo sobre la lluvia ácida cuando _____

_____.

2. La gente no va a reciclar productos hasta que _____

_____.

3. El hombre va a seguir destruyendo las selvas hasta que _____

_____.

4. Tenemos que pensar en la ecología antes de que el mundo _____

_____.

Actividad 9: ¿Qué piensas? Completa estas preguntas usando **qué** o **cuál/es.** Después contéstalas con oraciones completas para dar tus ideas sobre la protección del medio ambiente.

1. ¿_____ son algunas cosas que se pueden reciclar? _____

_____.

2. ¿_____ reciclas tú? _____

_____.

3. ¿_____ es la forma de energía más limpia? _____

_____.

4. ¿_____ sabes de la lluvia ácida? _____

_____.

5. ¿_____ tipo de fábricas hay en tu ciudad? _____

_____.

6. ¿_____ de las fábricas producen contaminación? _____

_____.

Actividad 10: Invitaciones y soluciones. Completa cada conversación con una sugerencia (*suggestion*). Usa los verbos **bailar, volver, alquilar, sentarse** y **decir** y otras palabras si es necesario.

▶ —Necesitamos pan, leche, patatas, huevos y carne.
—*Comprémoslos en el supermercado.*

1. —¡Qué música más buena!

_____.

2. —No podemos decirle esto a Fernando, porque no nos va a creer.

_____.

3. —Estoy cansada y no quiero bailar más. Quiero ver si mis hijos están bien.

_____.

4. —Lo siento, pero no podemos ir a la costa porque mi carro no funciona.

_____.

5. —¿Prefieres estar en la barra (*bar*) o en una mesa?

_____.

PRÁCTICA MECÁNICA II

Actividad 11: Todos son diferentes. Completa estas oraciones que dice Imelda sobre su familia. Usa las formas apropiadas de los siguientes adjetivos: **agresivo, amable, ambicioso, cobarde, honrado, ignorante, orgulloso, perezoso, sensato, sensible, valiente.**

1. Estoy muy _____ de mi hija, porque hoy corrió en un maratón y terminó en dos

   horas y treinta y cinco minutos.

2. Mi hijo, el político, es una persona muy _____. Él sabe que la violencia es un

   problema serio, pero en vez de construir más prisiones él quiere mejorar el sistema educativo del país.

3. Mi otra hija es una mujer muy _____; algún día va a ser presidenta de una

   compañía (si no es presidenta del país).

4. El esposo de mi hija mayor no hace nada. Siempre mira televisión. Es muy _____.

5. Mi nieto, el hijo de mi hija mayor, es muy _____. No tiene miedo de nadie. Ayer en el metro un hombre estaba molestando a una señora y el niño lo paró y le dijo que no debía hacer cosas así. ¡Y sólo tiene cuatro añitos!

6. Mi hermano es un _____; ayer un hombre me estaba molestando en el metro y mi hermano no le dijo nada. La próxima vez voy a ir con mi nieto.

7. Mi esposo, Juan, es un hombre muy _____; ayer fuimos a ver la película *Bambi* y él lloró cuando se murió la madre de Bambi.

8. Mi padre es bastante viejo. Ayer cuando mi hijo volvió a casa con un arete, mi padre le gritó. El pobre no entiende a los jóvenes de hoy, es _____.

9. Mi madre es muy _____. Siempre nos ayuda aunque no está muy bien de salud, no critica a nadie y siempre está contenta.

10. Nuestro perro es muy _____ y da miedo; por eso nadie entra a nuestra casa si no hay alguien de la familia allí.

11. A veces yo soy demasiado _____. Ayer me dieron 2.000 pesetas de más en el supermercado y yo volví a la tienda para devolverlas.

Actividad 12: Hablando del pasado. Escribe oraciones completas usando el pluscuamperfecto (*past perfect*) para uno de los verbos indicados. Es posible que tengas que añadir palabras.

▶ tú / abrir / puerta / cuando / perro / salir
Tú habías abierto la puerta cuando el perro salió.

1. nosotros / comprar / comida / antes de / llegar / casa _____
_____.

2. profesora / dar / examen / cuando / yo / entrar _____
_____.

3. ellos / vender / carro / cuando / nosotros / llegar _____
_____.

4. yo / salir / cuando / tus hermanos / tener / accidente _____
_____.

Actividad 13: Expresiones. Usa expresiones con **por** para completar estas oraciones.

1. _____, ¿sabes la dirección de Victoria?

2. La comida estuvo horrible y el servicio peor, pero _____, la música estuvo buena.

3. Elisa manejaba a 135 kilómetros _____;
_____ no la vio ningún policía.

4. _____, debes llevar cheques de viajero en vez de dinero en efectivo.

5. Simón estudia mucho; _____ saca buenas notas.

6. _____ que voy a tu fiesta; siempre son buenísimas.

Actividad 14: Uniendo ideas.   Termina estas oraciones con las palabras **que, lo que** o **quien/es**.

1. El carro _____ está enfrente de la tienda es mío.

2. ¿Conoces al señor _____ lleva el abrigo negro?

3. No ocurrió _____ Uds. creen.

4. Me gusta ese libro _____ tienes en la mano.

5. ¿Te interesó _____ viste?

6. Éste es el empleado de _____ te hablé ayer.

7. La chica con _____ se casó mi hermano se llama Alejandra.

8. Voy a estudiar algo _____ sea fácil.

PRÁCTICA COMUNICATIVA II

Actividad 15: La conferencia.   Una feminista está hablando con los participantes de una conferencia. Aquí tienes una parte de su conversación con ellos. Completa las respuestas del público con adjetivos.

LA FEMINISTA   El sexismo se ve en todas partes. Si un hombre tiene muchas ideas y quiere tener un puesto mejor, se dice que tiene ambiciones; pero si una mujer hace esto, ¿saben cómo la llaman?

EL PÚBLICO   _____.

LA FEMINISTA   Si una mujer no quiere hacer algo porque tiene miedo, se dice que está bien y se considera normal, pero si un hombre tiene miedo, ¿saben cómo lo llaman?

EL PÚBLICO   _____.

LA FEMINISTA   Si una mujer no quiere trabajar y desea estar en su casa con sus hijos, la llaman ama de casa, pero si un hombre no quiere ir a trabajar y desea estar en casa limpiando, cocinando y cuidando a los hijos, piensan que no le gusta trabajar. ¿Saben cómo lo llaman?

EL PÚBLICO   _____.

LA FEMINISTA   Si un hombre llora y demuestra sus emociones lo llaman débil, pero si una mujer actúa así, ¿saben cómo la llaman?

EL PÚBLICO   _____.

LA FEMINISTA   ¡Qué lástima que existan personas que piensen así en el mundo! Me dan lástima las personas que piensan así. ¿Saben cómo las llamo?

EL PÚBLICO   _____.

Actividad 16: ¡Qué día!   Lee lo que dice Teresa y pon en orden sus actividades de ayer.

Antes de salir del apartamento limpié el baño y lavé los platos de la cocina. Luego caminé a mi clase, pero, en el camino, paré en el banco para sacar dinero. Enfrente del banco vi a Vicente. Él me esperó mientras yo sacaba el dinero y entonces fuimos a tomar un café. Después de la clase fui a pagar el alquiler, pero se me había olvidado el dinero, así que tuve que volver al apartamento para buscarlo y por fin pude pagar. Por la tarde, mientras estaba estudiando en la biblioteca, vino Claudia a invitarnos a Vicente y a mí a ir al teatro. Antes de ir al apartamento para cambiarme de ropa, llamé a Vicente para decírselo.

_____	Estudió.	_____	Pagó el alquiler.
_____	Fue a clase.	_____	Salió del apartamento para ir a clase.
_____	Fue al banco.	_____	Se cambió de ropa.
_____	Fue al teatro.	_____	Tomó un café con Vicente.
_1_	Limpió la casa.	_____	Volvió al apartamento para recoger el dinero.
_____	Llamó a Vicente.		

Actividad 17: La historia.   *(a)* Estudia esta línea histórica; luego haz el ejercicio que sigue.

1492	Colón llega a las Américas.
1494	Firman el Tratado de Tordesillas que divide las nuevas tierras entre España y Portugal.
1502	Bartolomé de las Casas llega a América y empieza a documentar los abusos de los conquistadores contra los nativos.
1512	Ponce de León llega a la Florida.
1513	Núñez de Balboa es el primer europeo que ve el Pacífico.
1519	Sale Magallanes para darle la vuelta al mundo.
1520	Muere Moctezuma.
1521	Cortés toma México para España; muere Magallanes.
1522	Elcano termina el viaje de Magallanes para darle la vuelta al mundo.
1525	Muere Cuauhtémoc, último emperador azteca, después de tres años de tortura.
1532	Pizarro termina con el imperio incaico en Perú.
1533	Pizarro ejecuta a Atahualpa, el último emperador inca.
1542	Hernando de Soto es el primer europeo que encuentra el río Misisipí.
1620	Los peregrinos fundan la colonia de Plymouth en el estado de Massachusetts.

(b) Escribe oraciones usando la información de la línea histórica.

▶ Colón / Tratado de Tordesillas

Colón ya había llegado a América cuando firmaron el Tratado de Tordesillas. / Cuando firmaron el Tratado de Tordesillas, Colón ya había llegado a América.

1. Ponce de León / Núñez de Balboa _____
_____ .

2. Cortés / Pizarro _____
_____ .

3. la muerte de Magallanes / Elcano _____
_____ .

4. Pizarro / Cuauhtémoc _____
_____ .

5. Moctezuma / Atahualpa _____
_____ .

6. Hernando de Soto / Núñez de Balboa _____
_____ .

7. Hernando de Soto / los peregrinos y la colonia de Plymouth _____
_____ .

Actividad 18: Uniendo ideas para aprender historia. Combina las siguientes oraciones cortas sobre la historia hispana para formar oraciones largas. Usa **que, lo que** o una preposición más *(plus)* **quien/es.**

1. Cristóbal Colón habló con los Reyes Católicos. De ellos recibió el dinero para su primera expedición.
_____
_____ .

2. Ponce de León exploró la Florida en busca de la fuente de la juventud *(youth)*. La fuente de la juventud en realidad no existía. Las cosas que encontró fueron indígenas y bellezas naturales.
_____
_____ .

3. A principios del siglo XVI, los españoles llevaron el catolicismo a los indígenas. Esto significó para los indígenas un cambio en su vida y en sus costumbres. _____
_____
_____ .

4. Hernando de Soto fue uno de los conquistadores españoles. Ellos tomaron Perú para España.

   _____

   _____.

5. Simón Bolívar liberó una parte de Hispanoamérica. Hoy en día, incluye Colombia, Venezuela,

   Ecuador y Panamá. _____

   _____

   _____.

Estrategia de lectura: **Mind Mapping**

As you already have learned, activating background knowledge is an important step to improving reading comprehension. One way to tap this knowledge is to do a mind map, like the one in Chapter 15 of your textbook.

Actividad 19: El mapa mental. Haz un mapa mental sobre los **recursos naturales** *(natural resources)* para prepararte mejor para leer una carta de un periódico.

Carta abierta a los hermanos hispanoamericanos

Como ciudadano de Hispanoamérica considero que tengo la obligación de pedirles a los gobernantes que hagan algo para salvar nuestra tierra antes de que sea demasiado tarde. Para modernizarnos e intentar convertirnos en países desarrollados necesitamos la tecnología, pero esta tecnología que trae avances constantes muchas veces destruye nuestros recursos naturales.

Tomemos Guatemala, por ejemplo. ¿Por cuánto tiempo vamos a continuar destruyendo la selva tropical? Decimos que necesitamos esa área para criar animales y tener comida. ¿Pero a qué precio? Matamos las especies que ya habitan esa zona y así provocamos la extinción de animales y de plantas. Uds. dirán que nosotros, los guatemaltecos, no somos los únicos que destruimos el ambiente y hay que reconocer que es verdad. Sin embargo, Costa Rica, que también tiene este problema, lo admite y está intentando salvar su selva con la ayuda de científicos estadounidenses.

Usemos los recursos naturales, pero con moderación. ¿Qué va a ocurrir, por ejemplo, el día que se termine el petróleo mundial? El petróleo es un recurso, sí, pero como todo recurso tiene un límite. Si países

latinoamericanos como Brasil y Argentina pueden obtener combustible para carros de la caña de azúcar, Guatemala, Honduras, Cuba y la República Dominicana pueden hacer lo mismo con su exceso de caña de azúcar y así reducir notablemente el consumo de petróleo. La fuente de energía que puede reemplazar de forma parcial el petróleo es la energía hidroeléctrica y su posibilidad de desarrollo en Hispanoamérica es gigantesca. Países ejemplares como Paraguay, Perú y Costa Rica lograron aumentar considerablemente su producción en la última década.

Debemos también tener cuidado con el uso de productos químicos que pueden destruir nuestro medio ambiente. Si seguimos abusando del uso de fluorocarburos (acondicionadores de aire, neveras, etc.) y se extiende el agujero en la capa de ozono sobre la Antártida, entonces Chile y Argentina van a ser los primeros en sufrir un aumento de radiación ultravioleta. ¿Qué significa esto? Miles de casos de enfermedades como cáncer de la piel y cataratas en los ojos. Debemos eliminar este peligro antes de que sea demasiado tarde.

¿Es éste el mundo que les queremos dejar a nuestros hijos? Por favor, tomemos conciencia.

Un ser humano preocupado

Actividad 20: Problemas y soluciones. Después de leer la carta, contesta esta pregunta.

¿Cuáles son los problemas y las soluciones que menciona el autor en la carta?

Problemas	Soluciones
1. _____ _____ _____	1. _____ _____ _____
2. _____ _____ _____	2. _____ _____ _____
3. _____ _____ _____	3. _____ _____ _____

Capítulo 16

PRÁCTICA MECÁNICA I

Actividad 1: La fotografía.   A tu amigo Lorenzo le gusta mucho la fotografía. Mira este dibujo *(drawing)* e identifica los objetos que él tiene en su dormitorio. Incluye el artículo indefinido en tus respuestas.

1. _____   5. _____
2. _____   6. _____
3. _____   7. _____
4. _____

Actividad 2: El futuro.   Completa estas oraciones con la forma apropiada del futuro de los verbos indicados.

1. El año que viene yo _____ un trabajo.   (tener)

2. Uds. _____ algún día.   (casarse)

3. ¿Cuándo _____ tú ayudarme?   (poder)

4. Nosotros se lo _____ cuando podamos.   (decir)

5. Paco_____ en casa de sus tíos cuando vaya a la universidad.   (quedarse)

6. Yo _____ un buen médico.   (ser)

7. Si Ud. tiene tiempo mañana, _____ con mi jefe, ¿verdad?   (hablar)

8. Yo _____ a las ocho y _____ el vino.   (salir, traer)

Actividad 3: Formando hipótesis. Completa estas oraciones con la forma apropiada del potencial *(conditional)* de los verbos indicados.

1. ¿Qué _____ tú en mi lugar?   (hacer)

2. Yo _____ que ella tiene razón.   (decir)

3. Fernando nos dijo que no _____ venir mañana.   (poder)

4. Nosotros pensamos que Uds. _____ por qué no podíamos hacerlo.   (entender)

5. Sabía que Víctor no _____ en un examen.   (copiar)

6. Pepe y Carmen no _____ sin despedirse.   (irse)

7. El niño gritó que no lo _____ .   (hacer)

8. El chofer dijo que no _____ más autobuses para Mérida hoy.   (salir)

9. Me dijo que en ese hotel todo el mundo _____ .   (divertirse)

10. Nos explicaron que después de terminar los estudios, _____ la oportunidad de

    trabajar en otro país.   (tener)

Actividad 4: Lo bueno. Completa estas oraciones usando expresiones como **lo bueno, lo interesante, lo fácil, lo malo, lo triste,** etc.

1. Tengo un nuevo trabajo; _____ es que ganaré mucho más dinero, pero

   _____ es que tengo que trabajar en un pueblo de la selva que no tiene

   electricidad; tampoco tiene agua corriente *(running water)*.

2. Voy a ir a Bariloche; _____ es que puedo esquiar, pero _____

   es que también tengo que pasar muchas horas en conferencias sobre medicina nuclear. Sé que me

   dormiré en las conferencias porque estaré cansado de tanto equiar.

3. Mañana tengo un examen; _____ es que en la primera parte solamente tengo que

   decir si las oraciones son ciertas o falsas, pero _____ es que también tengo que

   escribir una composición y nunca me expreso bien cuando escribo.

PRÁCTICA COMUNICATIVA I

Actividad 5: Tu futuro. Haz una lista de tres cosas que harás la semana que viene y tres cosas que debes hacer.

Para hacer

▶ *Iré al museo.*

1. _____ .
2. _____ .
3. _____ .

Para hacer si hay tiempo

▶ *Debo escribir unas cartas.*

1. _____ .
2. _____ .
3. _____ .

Actividad 6: Predicciones. ¿Qué crees que van a estar haciendo los personajes *(characters)* del libro de texto dentro de diez años? En oraciones completas, da tus predicciones sobre qué estarán haciendo, dónde vivirán, en qué trabajarán, si estarán casados/divorciados, etc. Usa la imaginación.

1. Teresa y Vicente _____

   _____

   _____ .

2. Diana _____

   _____ .

3. Claudia y Juan Carlos _____

   _____

   _____ .

4. El Sr. Ruiz _____

5. Álvaro _____

   _____ .

6. Carlitos y Cristina (los hijos de don Alejandro) _____

   _____

   _____ .

Actividad 7: Bola de cristal. Haz predicciones sobre el mundo de Hollywood y de Washington.

1. El próximo presidente de los Estados Unidos _____
_____.

2. El próximo escándalo en Washington _____
_____.

3. La mejor película del año _____
_____.

4. La boda del año en Hollywood _____
_____.

5. El divorcio menos esperado _____
_____.

Actividad 8: ¿Qué harías? Completa estas miniconversaciones dando consejos. Usa el potencial *(conditional)*.

1. —No sé qué hacer; mi jefe quiere que yo salga con él.

   —En tu lugar, yo _____.

2. —Tengo un problema; los frenos de mi carro están muy malos y no tengo dinero para arreglarlos.

   —En tu lugar, yo _____.

3. —Me están molestando muchísimo los lentes de contacto. Siempre lloro.

   —En tu lugar, yo _____.

4. —Lo bueno es que tengo una entrevista con la compañía Xerox, pero lo malo es que es el mismo día
   de mi examen final de economía. No quiero cambiar la entrevista y el profesor es muy estricto en
   cuanto a los exámenes.

   —En tu lugar, yo _____.

Actividad 9: Los planes. Lee esta nota que Isabel le dejó a Marisel esta mañana; después termina la conversación entre Diana y Marisel. Usa el pretérito o el potencial *(conditional)* en las respuestas.

Marisel:

Voy a ir al oculista para hacerme un chequeo y también voy a comprar pilas para la cámara de Diana. Después es posible que Álvaro y yo vayamos a tomar algo. Las veré en la puerta del Café Comercial a las nueve, cerca del metro de Bilbao, para ir al cine. Álvaro dijo que iría también.

                                                Isabel

DIANA   ¿Has hablado con Isabel?

MARISEL   No, pero _____.

DIANA   ¿Fue al oculista?

MARISEL   _____.

DIANA   ¡Ay! Espero que no se le olvide comprarme las pilas.

MARISEL   Dijo que te _____.

DIANA   Bien. ¿Dijo algo sobre la película?

MARISEL   Sí, dijo _____.

DIANA   ¿Y Álvaro va?

MARISEL   _____.

Actividad 10: Este año. Termina estas oraciones sobre tu vida de este año.

1. Lo interesante _____
   _____.

2. Lo más inesperado _____
   _____.

3. Lo triste _____
   _____.

4. Lo malo _____
   _____.

5. Lo bueno _____
   _____.

6. Lo más cómico _____
   _____.

PRÁCTICA MECÁNICA II

Actividad 11: El trabajo. Estás leyendo en una revista la siguiente lista de consejos sobre cómo conseguir trabajo. Completa las oraciones con las palabras apropiadas.

1. Cuando Ud. busque trabajo, es importante que tenga algún tipo de _____ . Muchas compañías piden hasta tres años. También es necesario tener un _____ universitario para muchos puestos.

2. Primero Ud. tiene que completar una _____ , mandarles un _____ y tener tres cartas de _____ .

3. Después de evaluar a los candidatos para un puesto, es posible que lo llamen para darle una _____ .

4. En la entrevista es importante hablar de cuánto va a ser el _____ y qué beneficios incluye. También es importante el _____ .

5. Después de que le ofrezcan un trabajo, es importante que Ud. firme un _____ .

Actividad 12: Probabilidad. Completa estas oraciones con la forma apropiada del futuro o el potencial *(conditional)* de los verbos indicados.

1. ¿Dónde está Felisa? ¿_____ enferma? (estar)

2. ¿Qué hora _____ cuando llegaron anoche? (ser)

3. Me pregunto qué _____ comiendo estos señores. (estar)

4. Su hermano menor _____ unos diecinueve años ahora. (tener)

5. Sus hijos _____ diez y quince años cuando los señores Martínez se divorciaron. (tener)

6. _____ un millón de pesos en el banco cuando lo robaron. (Haber)

7. Gabriela salió a las siete, así que _____ llegando a Roma ahora. (estar)

8. Quiero comprar este carro. ¿Cuánto _____? (costar)

Actividad 13: ¿Infinitivo o subjuntivo?   Completa estas oraciones con la forma apropiada (infinitivo o subjuntivo) de los verbos indicados.

1. Antes de que ellos _____, debemos preparar algo de comer.   (venir)

2. En caso de que _____, vamos a llevar los abrigos.   (nevar)

3. Teresa saldrá con Vicente esta noche con tal de que él _____ de estudiar temprano.   (terminar)

4. Diana enseña inglés para _____ dinero.   (ganar)

5. Vamos a llegar el sábado sin que nadie lo _____.   (saber)

6. Aceptaré el trabajo con tal de que me _____ un buen sueldo.   (ofrecer)

7. Ellos van a arreglar el carro antes de _____ a la playa.   (ir)

8. La compañía nos da clases especiales para que _____ todo sobre los nuevos productos.   (saber)

9. Saldremos a bailar esta noche a menos que mi madre no _____ venir para estar con los niños.   (poder)

10. Mándamelo antes de _____; sólo necesito tener una idea de lo que estás haciendo.   (terminar)

PRÁCTICA COMUNICATIVA II

Actividad 14: Posiblemente...   Lee estas miniconversaciones y contesta las preguntas con oraciones completas. Como no estás seguro/a de las respuestas, usa el futuro para hablar de probabilidad.

1. —Hay poca luz.
   —Puede ser que salga todo negro; no la saques.

   ¿Qué hacen estas personas? _____

   _____.

2. —Necesito un líquido para limpiarlos.
   —¿Son duros o blandos?
   —Duros.

   ¿A qué se refiere la palabra "duros"? _____

   _____.

3. —¿Incluyo mi trabajo de guía turístico?
   —¿Por qué no? Por lo menos indica que sabes trabajar con gente.

   ¿Qué están haciendo? _____

   _____.

4. —¡Ay! No salieron bien.
   —Nunca me han gustado las de blanco y negro.
   —Sí, estoy de acuerdo, pero son para un periódico.

   ¿De qué están hablando? _____

   _____.

5. —Aquí ven a Carlitos y a Cristina cuando estábamos en Bogotá. Y aquí hay otra de Carlitos en el
   hospital después de la operación.
   —Papá, la luz por favor; se me cayó algo.

   ¿Qué están haciendo? _____

   _____.

6. —Aquí dice que Ud. tiene experiencia con computadoras.
   —Sí, he programado con PASCAL y COBOL.

   ¿Dónde están? _____

   _____.

Actividad 15: Un encuentro raro.   Lee lo que pasó y contesta las preguntas. Usa la imaginación.

Ayer vi a una mujer que entró a la librería. Noté que llevaba un sobre en la mano y que estaba muy
nerviosa. Ella me preguntó si teníamos el libro *Las aventuras de Miguel Littín* de Gabriel García
Márquez. Le dije que sí y le indiqué dónde estaba. Mientras estaba mirando el libro, entró un
hombre con barba y gafas de sol. Llevaba abrigo negro y sombrero. Mientras el señor miraba
libros de arte, la mujer puso el sobre dentro del libro. Después, ella me dijo que no tenía el
dinero, pero que iba a volver mañana para comprar el libro y salió. Después de unos minutos, vi al
hombre con barba abrir el libro y sacar el sobre. Cuando él salía, yo...

1. ¿Quién sería la mujer? _____

   _____

2. ¿Quién sería el hombre? _____

   _____

3. ¿Qué habría en el sobre? _____

   _____

4. ¿Por qué irían a la librería y no a otro lugar? _____

   _____

5. ¿Conocería el hombre a la mujer? _____

   _____

6. ¿Qué haría el vendedor después? _____

   _____

7. ¿Adónde iría el hombre con barba al salir de la librería? _____

   _____

Actividad 16: La experiencia. *(a)* Lee esta conversación entre Teresa y su tío, don Alejandro, sobre el futuro de Juan Carlos.

TERESA	Tío, sabes que Juan Carlos va a solicitar un puesto en Venezuela. ¿Tienes algún consejo para él?
TÍO	¡Claro que sí! Es importantísimo que le mande una carta a ese amigo de su padre y que le dé las gracias. Esa carta debe llegar antes que la solicitud. La solicitud debe estar escrita a máquina porque parece más profesional y el curriculum debe estar hecho en computadora si es posible, pues así se ve mucho más limpio que en máquina de escribir. Puede usar mi computadora si quiere. Si le piden que vaya a Venezuela para tener una entrevista, sólo debe ir si ellos se lo pagan todo. Si lo paga él, van a pensar que es un tonto. Y por último, no debe firmar el contrato sin saber cuánto va a ganar de sueldo y qué seguro médico u otros beneficios va a tener. Tiene que leer el contrato con cuidado.
TERESA	Gracia tío, se lo diré.

(b) Ahora completa esta conversación entre Teresa y Juan Carlos, basada en los consejos de don Alejandro.

TERESA	Hablé con mi tío y tiene muchos consejos para ti.
JUAN CARLOS	¡Ay, qué bueno! ¿Qué me aconseja?
TERESA	Primero, debes escribirle una carta al señor dándole las gracias antes de que _____ _____ .
JUAN CARLOS	Ya le escribí.
TERESA	Segundo, tienes que escribir la solicitud a máquina para que _____ _____ .
JUAN CARLOS	Por supuesto.
TERESA	Tercero, si es posible debes hacer tu curriculum en computadora para que _____ _____ .
JUAN CARLOS	Pero, ¿dónde voy a poder hacer esto?
TERESA	Mi tío dijo que _____ .
JUAN CARLOS	¡Perfecto! ¿Algo más?
TERESA	Cuarto, si te piden que vayas a Venezuela para tener una entrevista, no vayas a menos que _____ .
JUAN CARLOS	O.K. Esa idea me gusta.
TERESA	Una cosa más; solamenta acepta el trabajo con tal de que ellos _____ _____ .
JUAN CARLOS	Dale las gracias a tu tío.
TERESA	¡Ah! No firmes el contrato sin _____ .

Estrategia de lectura: **Understanding the Writer's Purpose and Tone**

When writing a text, the writer chooses a purpose (such as informing, entertaining, or convincing) and a tone (serious, funny, or aggressive, for example). By identifying the purpose and tone of a text, you can improve your comprehension and be more aware of the writer's point of view.

Actividad 17: Antes de leer. Contesta estas preguntas sin consultar ningún libro ni hablar con nadie. Si no sabes la respuesta, escribe "No tengo idea."

1. ¿Sabes qué productos exportan los Estados Unidos? _____
_____
_____.

2. ¿Cuáles son los principales recursos económicos de este país?
_____
_____.

3. ¿Sabes cuáles son algunos de los recursos económicos de los países hispanos?
_____
_____.

4. ¿Sabes cuál es el problema económico que más afecta a Hispanoamérica?
_____
_____.

Actividad 18: Propósito y tono. Lee los tres textos relacionados con la economía hispana y busca cuál es el propósito y el tono de los diferentes autores.

1. La Señora Inflación

   Propósito: a. informar b. entretener c. convencer

   Tono: a. serio   b. divertido   c. agresivo

2. El turismo en el mundo hispano

   Propósito: a. informar b. entretener c. convencer

   Tono: a. serio   b. gracioso   c. irónico

3. Un cuento sabroso

   Propósito: a. informar b. entretener c. convencer

   Tono: a. serio   b. gracioso   c. crítico

Recortes de periódico

La Señora Inflación

La gente se pregunta cómo podemos vivir con la Señora Inflación y nosotros contestamos: "No sé, pero con ella vivimos". Es verdad, la vemos todos los días por todos lados. Si vemos algo que nos gusta en una tienda, no dudamos en comprarlo inmediatamente porque sabemos que mañana viene la señora y le sube el precio. Por la mañana hay que estar bien despierto al tomar el autobús porque no es extraño que el día anterior la señora haya decidido aumentar el precio y que el conductor nos mire con cara de "¡Ufa! Otro que no se enteró todavía del aumento". ¿Cómo vivimos con esta señora? No sé, pero sobrevivimos.

El turismo en el mundo hispano

El turismo internacional es la principal fuente de ingresos para España, donde entra un promedio de 53 millones de turistas por año. Para México, el turismo es la segunda fuente de ingresos después del petróleo y entra en el país un promedio anual de cinco o seis millones de turistas. Otros países que han estado fomentando la industria turística son Puerto Rico, la República Dominicana y Cuba, tres países caribeños que se caracterizan por sus bellísimas playas y clima tropical.

Un cuento sabroso

Si no fuera por el gusto exigente de los bebedores de café de Arabia Saudita, el pueblo guatemalteco de Cobán, al otro lado del mundo, estaría en problemas.

Cobán, capital de la región montañosa de Alta Verapaz en Guatemala, es la fuente de la mayor parte del cardamomo que consume el mundo árabe: una especia dulce, picante y sumamente aromática que se emplea en la cocina de la India. De hecho, el café del cardamomo, conocido en el mundo árabe como *kahwe hal*, es considerado un símbolo de hospitalidad en todo el Cercano Oriente.

En Cobán, famoso por su iglesia católica del siglo XVI y las ruinas mayas que se encuentran en los alrededores, prácticamente nadie habla árabe y ninguno de sus 125.000 habitantes pone cardamomo en el café. Sin embargo, todos conocen perfectamente la conexión que existe entre la especia y el mundo árabe. "El cardamomo es la base de nuestra economía, y Guatemala es el principal exportador del mundo", expresa Otto Chavarría, importante *cardamomero* y uno de los 200.000 guatemaltecos que viven directa o indirectamente de la producción de esta especia. "En esta provincia el cardamomo es más importante que el café".

Se requieren cuatro vainas para producir un cuarto de cucharada de semillas. Ello explica por qué el cardamomo es tan costoso. A pesar de los cambios de precio experimentados en los últimos años, a 6 dólares el kilogramo el cardamomo sigue siendo una de las especias más caras, después del azafrán y la vainilla.

Actividad 19: Preguntas. Después de leer los artículos, contesta estas preguntas.

1. ¿Cuáles son algunos problemas diarios de la inflación? _____
_____
_____.

2. Nombra los países que tienen un alto índice de turismo. _____
_____
_____.

3. ¿A qué países exporta Guatemala el cardamomo? ¿Para qué lo usan? _____
_____
_____.

4. ¿Cuáles pueden ser las consecuencias de que un país o región exporte un solo producto principal? ___
_____
_____.

Capítulo 17

PRÁCTICA MECÁNICA I

Actividad 1: El arte. Completa las siguientes oraciones con palabras apropiadas asociadas con el arte.

1. En clase cuando estoy aburrido hago _____ graciosos del profesor.

2. No es un original; es una _____.

3. Picasso no sólo fue pintor; fue también _____. Una de sus esculturas abstractas está en Chicago. A algunas personas les gusta y a otras no.

4. El Greco, Velázquez y Goya son tres _____ españoles famosos.

5. En muchas clases de arte, antes de pintar personas y escenas, los estudiantes tienen que pintar como práctica un _____, que puede ser frutas encima de una mesa.

6. Mucha gente pintó a los reyes españoles, pero algunos de los _____ más famosos son los que hizo Velázquez del rey Felipe II.

7. La _____ _____ de Velázquez se llama *Las Meninas.* En este cuadro se ve a la infanta Margarita, a los reyes, a Velázquez y a otras personas del palacio. Este cuadro es famoso en todo el mundo.

Actividad 2: *¿Pedir o preguntar?* Completa estas oraciones con la forma apropiada de **pedir** o **preguntar**.

1. Yo te _____ que lo hagas.

2. Ellos me _____ si sabía el número de teléfono de Victoria.

3. El criminal me _____ el dinero, pero yo no tenía nada.

4. Felipe, ¿por qué no le _____ al taxista dónde está el museo?

5. Anoche, el niño nos _____ cuándo íbamos a volver.

6. Ayer, Carlos y Ramón le _____ a María que les ayudara con el trabajo.

Actividad 3: El pasado del subjuntivo. Completa estas oraciones con la forma apropiada de los verbos indicados en el imperfecto del subjuntivo.

1. Carlos IV quería que Goya le _____ un retrato.   (pintar)

2. Era posible que El Greco _____ problemas con los ojos.   (tener)

3. El cuñado de Goya le aconsejó que _____ a Madrid a estudiar arte.   (ir)

4. Me prohibieron que _____ fotos en el Museo del Oro.   (sacar)

5. Salvador Dalí buscaba personas que _____ tan locas como él.   (estar)

6. Un amigo nos aconsejó que _____ la exhibición de Botero en Madrid y nos fascinó lo grande que era todo.   (ver)

7. Vi unos cuadros de Claudio Bravo y eran tan realistas que yo dudaba que _____ cuadros; pensaba que eran fotos.   (ser)

8. Fue interesante que Picasso _____ pintar *Guernica* en ese momento histórico. (decidir)

9. Te dije que _____ la exhibición de Rufino Tamayo. ¿Por qué no fuiste?   (visitar)

10. ¡Qué lástima que Frida Kahlo _____ tan joven!   (morir)

Actividad 4: ¿*Estudie, haya estudiado* o *estudiara*? Completa estas oraciones con la forma apropiada de los verbos indicados usando el presente, el pretérito perfecto del subjuntivo (*present perfect subjunctive*) o el imperfecto del subjuntivo.

1. ¿Crees que ellos ya _____ el museo?   (visitar)

2. Dudábamos que el profesor _____ la respuesta.   (saber)

3. Es posible que se _____ la escultura mañana.   (vender)

4. La ciudad busca un artista que _____ hacer un estudio de la historia de la zona para hacer un mural.   (querer)

5. Hoy visité a mi abuelo, que está muy enfermo. Hablé con él por media hora pero dudo que me _____.   (entender)

6. Le dijo que no _____ a los niños al parque hoy porque iba a llover. (llevar)

7. Lo mandé por avión para que _____ pronto.   (llegar)

8. Fue una pena que nosotros no _____ salir anoche.   (poder)

9. Fue fantástico que Manolo finalmente _____ ese cuadro que quería. (comprar)

10. Nos sorprendió que el Museo del Prado _____ tantos cuadros italianos y flamencos (*Flemish*). Es una colección excelente.   (tener)

PRÁCTICA COMUNICATIVA I

Actividad 5: El preguntón. Lee esta parte de una carta que Carla le escribe a Fernanda sobre un nuevo amigo. Después de leerla, termina la carta con la forma apropiada de los verbos **pedir** o **preguntar.**

… No me vas a creer, pero hay un hombre que siempre veo en el metro y me parece muy interesante. Últimamente, habla mucho conmigo. Al principio, todos los días me _____ del tiempo. Quería saber si iba a llover por la tarde o no. Ayer me _____ si podía ayudarme con los paquetes que llevaba. Y después me _____ mi número de teléfono. Él llamó anoche, pero yo no estaba. Entonces, le _____ a mi madre cuándo iba a volver yo. Volvió a llamar, pero yo no había llegado todavía, entonces le _____ a mi madre que me dijera que él iba a llamarme mañana …

Actividad 6: La juventud. Cuando éramos jóvenes todos teníamos dudas, sorpresas y miedo. Completa estas oraciones de forma original.

1. Yo dudaba que mis profesores _____
_____ .

2. Tenía miedo de que mis padres _____
_____ .

3. Me sorprendió que mi hermano/a _____
_____ .

4. Era posible que yo _____
_____ .

5. Yo jugaba sin que _____
_____ .

6. Era necesario que yo _____
_____ .

Actividad 7: La telenovela. Lee este diálogo de una telenovela; después completa las frases. Usa el indicativo, el pretérito perfecto del subjuntivo *(present perfect subjunctive)* o el imperfecto del subjuntivo.

PILAR	No sé si puedo seguir mintiéndole a Roberto.
ANTONIO	No estás mintiendo; solamente le dices estas cosas a tu marido para que no sepa nada.
PILAR	Sí, es verdad. Roberto mataría a Hernando si supiera la verdad.
ANTONIO	Sin duda; es que tienes que recordar que Maruja era la hermana menor de Roberto y que él la adoraba.
PILAR	Él no entiende que Hernando intentó ayudar a Maruja. Claro que fue el carro de Hernando y que los frenos no funcionaron, pero él no quería que ella se muriera en ese accidente. Hernando no hizo absolutamente nada. Él la quería.

ANTONIO	Claro que la quería. Cuando estaban comprometidos siempre le regalaba flores y después de la boda eran muy felices; siempre se abrazaban y se besaban hasta que llegó ese …
PILAR	Es que Roberto sabe que Hernando nunca tuvo dinero y cuando Maruja se murió, Hernando recibió todo: el dinero, las joyas, la casa de Caracas y la casa de la playa.
ANTONIO	Pero si supiera Roberto que Maruja había tenido una aventura amorosa y que se iban a divorciar, entonces estaría seguro de que Hernando la había matado. No puedes decirle la verdad a Roberto.
PILAR	Yo sé que …

1. Es una lástima que _____

_____ .

2. Pilar no cree que Hernando _____

_____ .

3. Pilar decía mentiras para que _____

_____ .

4. Era evidente que _____

_____ .

5. Roberto cree que Hernando _____

_____ .

6. Antonio le aconsejó a Pilar que _____

_____ .

7. Sería posible que Antonio _____

_____ .

Actividad 8: Historia de amor.   Completa esta historia de amor sobre Juan Carlos y Claudia. Primero, lee todo el párrafo, después vuelve a leerlo y rellena los espacios.

Cuando Juan Carlos conoció a Claudia, ella no creía que él _____

_____ .

Juan Carlos estaba muy nervioso, porque él dudaba que Claudia _____

_____ . Por eso, él llamó a Teresa para ver qué le gustaba hacer. Al final, él le

pidió a Claudia que saliera con él y así empezó todo. Era evidente que _____ y

todos pensaban que se iban a casar. Por eso, a Claudia le sorprendió que Juan Carlos

_____ un trabajo en Caracas porque ella no quería que ellos

_____ separados. Al final, fueron a Alcalá de Henares y Juan Carlos le pidió

que ella _____ con él. Ahora están comprometidos y la boda será al final del

verano.

PRÁCTICA MECÁNICA II

Actividad 9: El amor. Termina cada oración con una palabra o frase de la siguiente lista relacionada con el amor.

amante	casarse	divorciarse	querer
amar	celos	enamorarse	querido/a
amorosa	comprometido/a	odiar	separarse
aventura	compromiso	pareja	soledad
cariño	corazón	pelearse	

1. Ellos están _____, se casarán en julio.

2. Matilde siempre _____ con Francisco. Ella le grita y se oyen los gritos por todo el edificio.

3. Es mejor vivir con alguien, porque la _____ puede ser muy triste.

4. Julia tiene _____ de Adriana porque piensa que su esposo ha tenido una _____ _____ con ella. Por eso, Julia está pensando en _____ de él por un tiempo.

5. Liz Taylor _____ con Richard Burton y después de unos años ellos _____ .

Actividad 10: ¿Acciones recíprocas? Completa estas oraciones con los pronombres apropiados y la forma correcta de los verbos indicados. ¡Ojo! No todas las acciones son recíprocas.

1. Anoche, los novios _____ _____ en la puerta de la casa. (abrazar)

2. En los cines los jóvenes _____ _____ cuando apagan la luz. (besar)

3. Cuando era pequeña mi tía siempre _____ _____ , pero no me gustaba mucho porque me daba miles de besos. (besar)

4. Yo _____ _____ , pero ella no me vio. (ver)

5. Ellos _____ _____ todos los días en clase y la profesora siempre se enfada. (hablar)

Actividad 11: Lo hipotético. Completa estas oraciones con la forma apropiada de los verbos indicados.

▶ *Si Paco tuviera dinero, compraría un carro nuevo.*

1. Si yo _____ Antonio, le _____ la verdad. (ser, decir)

2. Mi padre _____ por todo el mundo si _____ dinero. (viajar, tener)

3. Si me _____ el viernes, _____ al cine. (pagar, ir)

4. Si nosotros no _____ que estudiar tanto, _____ tener un trabajo.   (tener, poder)

5. Si tú _____ aquí en México, te _____ el Parque de Chapultepec, la Plaza de las Tres Culturas, el Zócalo y mucho más.   (estar, enseñar)

6. Si Carlos la _____ mañana, la _____. (ver, matar)

7. Fernando miente tanto que si él _____ la verdad, yo no le _____.   (decir, creer)

Actividad 12: Todo es posible.   Completa estas oraciones con la forma correcta de los verbos indicados en cualquier tiempo y modo (any tense and mood).

1. Ayer mientras yo _____, _____ un accidente de tráfico. Espero que no _____ nadie.   (correr, ver, morir)

2. Cuando Jorge _____ cinco años, su familia _____ a Punta del Este por primera vez. Como nunca había visto el Océano Atlántico, a él le sorprendió que un océano _____ tan grande. (tener, viajar, ser)

3. Ellos _____ de Taxco a las siete; entonces es posible que ya _____ a la capital.   (salir, llegar)

4. Pobre Tomás. Su novia _____ una aventura amorosa con su mejor amigo, Enrique. Si yo _____ él, no _____ con ninguno de los dos por el resto de mi vida.   (tener, ser, hablar)

5. Mi amigo Adán _____ ahora en Ecuador, pero cuando _____ aquí siempre nos _____: nos _____ información en la biblioteca, nos _____ a comer cuando teníamos exámenes y nos _____ su carro cuando _____ a visitar a nuestros padres. Fue una pena que _____ trabajo en Ecuador.   (vivir, vivir, ayudar, buscar, invitar, dar, ir, encontrar)

NOMBRE _____ FECHA _____

PRÁCTICA COMUNICATIVA II

Actividad 13: Encontrando tu pareja ideal. *(a)* Lee el anuncio comercial y contesta las preguntas.

Encuentre con quien compartir su vida

Con más de 10 años de experiencia en Alemania, Austria y Suiza, presentamos en la Argentina, el método más serio, para personas interesadas en encontrar su pareja.

Envíenos el cuestionario adjunto (sólo para mayores de 21 años) y sus datos serán analizados EN LA MAS ESTRICTA RESERVA, con ayuda de tests científicos y computación de datos.

De este modo, logramos que la persona propuesta, corresponda con la mayor exactitud al requerimiento del interesado.

El sistema elimina todo factor de riesgo, ya que nuestros profesionales mediante un exhaustivo examen logran que la persona propuesta corresponda lo más posible a lo deseado individualmente y asegura la verdadera identidad de los interesados.

¡Esta es su oportunidad!

LLame y envíenos el cuestionario y recibirá sin cargo el folleto SELEVIP con información total sobre el servicio que prestamos y los métodos que aplicamos.

Además adelantaremos nuestra recomendación sobre posibles compañeros/as con una breve descripción.

1. ¿Qué tipo de agencia es SELEVIP? _____
   _____

2. ¿Es una compañía nacional o internacional? _____
   _____

3. ¿Cómo indica el anuncio que SELEVIP es una agencia muy seria y que usa los métodos más
   modernos? _____
   _____

4. ¿Qué se debe hacer para tener más información? _____
   _____

(b) Como dice el anuncio, para ser feliz no debes estar solo. Rellena el cuestionario para dar el primer paso hacia encontrar tu pareja ideal con la ayuda de la agencia SELEVIP

FICHA PERSONAL
Por favor llenar con letra imprenta:
Señor ☐   Señora ☐   Señorita ☐
Apellido: _____
Nombre: _____
Calle y Nº _____
Ciudad: _____ C.P. _____
Teléfono part.: _____ Comercial: _____
Nacionalidad: _____

SUS DATOS
Fecha de nacimiento: _____ Religión _____
Estado Civil:
Soltero(a) ☐   Viudo(a) ☐   Divorciado(a) ☐
Vive separado(a) ☐
Tiene hijos:
NO ☐   SI ☐   Cuantos: _____
Entrada mensual neta aproximada: _____
Auto propio ☐   SI ☐   NO ☐
Vivienda: Propia ☐ Alquilada ☐   Familiar ☐
Vive solo(a):
SI ☐ NO ☐ Con sus Padres ☐ Con sus hijos ☐

ESTUDIOS
☐ Primario   ☐ Técnico   ☐ Otros
☐ Secundario ☐ Universitario
Profesión titulado en: _____
Profesión ejercida actualmente: _____
☐ Independiente ☐ Empleado ☐ Obrero
☐ Trabajo ocasional ☐ Cesante ☐ Estudiante
☐ Otro
Idiomas: _____
Habla ☐   Lee ☐   Escribe ☐

ENCUENTRE CON QUIEN COMPARTIR SU VIDA... Y SE ENCONTRARA A SI MISMO.

SI UD. HA LLENADO EL CUESTIONARIO ENVIELO SIN DEMORA A:

ESTUDIO

selevip

OFICINA DE RECEPCION Y PROCESAMIENTO DE DATOS:
**Paraguay 729-Piso 1º, Of.4
1057 Buenos Aires
Tel. 312-4035/313-9102**

SU APARIENCIA
Estatura en cm.: _____
Incapacidad física: ☐ NO ☐ SI ¿Cuál?
Contextura: ☐ Delgada ☐ Esbelta ☐ Mediana
　　　　　　☐ Gruesa
Apariencia: ☐ Clásica ☐ A la moda ☐ Elegante
　　　　　　☐ Común ☐ Deportiva
Color de cabello: _____ Ojos: _____

SUS INTERESES (Máximo 5 en cada rubro)

Intelectuales	Prácticos	Deportes practicados	
☐ Pintura	☐ T.Manuales	Bowling	☐ ☐
☐ Música	☐ Fotografía	Tenis	☐ ☐
☐ Teatro	☐ Coleccionar	Squash	☐ ☐
☐ Ballet	☐ Cocinar	Gimnasia	☐ ☐
☐ Opera	☐ Jardinería	Equitación	☐ ☐
☐ Literatura	☐ Hacer música	Fútbol	☐ ☐
☐ Cine	☐ Dibujo	Boxeo	☐ ☐
☐ Televisión	☐ Caminatas	Natación	☐ ☐
☐ Historia	☐ Filmar	Golf	☐ ☐
☐ Ciencia	☐ Animales	Surf	☐ ☐
☐ Técnica	☐ Naipes	Esquí	☐ ☐
☐ Otros	☐ Viajes	Otros	☐ ☐

SUS IDEAS PARTICULARES
Fuma ☐ No fuma ☐ Ocasionalmente ☐
Tiene hijo(s) propio(s): ☐ SI ☐ NO
Si tiene, cuántos viven con Ud.? _____
Desea tener hijos aún? _____
(Por favor contestar aunque ya tenga hijos)
Le parece importante que una mujer, ejerza profesión?
Jornada completa ☐ Media Jornada ☐   NO ☐
Me es indiferente ☐
Le es muy importante su Religión; SI ☐ NO ☐
Le es muy importante una vida sexual armoniosa?:
Muy importante ☐   Importante ☐
Más bien sin importancia ☐
Dónde le gustaría encontrarse por primera vez con la persona seleccionada por SELEVIP?:
En su casa ☐   En casa de él/ella ☐
en el estudio de SELEVIP ☐
En un local/restaurante/café ☐
Me es indiferente ☐

COMO DESEA SU FUTURO CONTACTO?
Edad mínima: _____ Edad máxima: _____
Estatura de ___ cm. a ___ cm. es indiferente ☐
Con hijos? SI ☐ NO ☐
Religión deseada: _____ es indiferente ☐
Educación deseada: _____ es indiferente ☐
Desea Ud. que la persona seleccionada tenga en su mayoría los mismos intereses que Ud.?
SI ☐ NO ☐   es indiferente ☐
Sabe Ud. porqué el sistema aplicado por SELEVIP es el más importante de EUROPA para conocer gente?
• Porque cada 6 minutos una persona sola ingresa al sistema.
• Porque el sistema aplicado por SELEVIP le ofrece las mayores posibilidades para hacer contactos.

Firma _____   Fecha _____

Actividad 14: Soluciones. Es más fácil darles soluciones a otros que solucionar nuestros problemas. Termina estas oraciones dando soluciones.

1. Si estuviera en las Naciones Unidas, _____

   _____.

2. Si fuera el presidente de los Estados Unidos, _____

   _____.

3. Si tuviera millones de dólares, _____

   _____.

4. Si pudiera hablar por quince minutos por televisión, _____

   _____.

5. Si fuera Ralph Nader, _____

   _____.

Actividad 15: Interpretaciones. La semana pasada, Víctor salió con Laura. Él quedó encantado y quiere salir con ella otra vez. Ella, en cambio, lo encontró muy aburrido y no quiere salir más con él. Al día siguiente hablaron con un amigo mutuo (a mutual friend). Escribe lo que dijeron.

Víctor

Dudaba que _____

_____

_____.

No podía creer que ella _____

_____

_____.

Me sorpendió que ella _____

_____

_____.

Fui a casa antes de que ella _____

_____

_____.

Si saliera con ella otra vez _____

_____

_____.

Laura

Dudaba que _____

_____

_____.

No podía creer que él _____

_____

_____.

Me sorprendió que él _____

_____

_____.

Fui a casa antes de que él _____

_____

_____.

Si saliera con él otra vez _____

_____

_____.

Estrategia de lectura: Reading Between the Lines

As you have learned while using *¡Claro que sí!,* many skills contribute to being a good reader. The better you become at reading, the more adept you are at making inferences or "reading between the lines."

Actividad 16: Los memos. *(a)* Julia Guzmán es la jefa de Gustavo Tamames. Unos empleados de la compañía acaban de encontrar los siguientes memos. Léelos.

MEMO

Sr. Tamames:

No quería pelear con Ud. Claro que puedo hacerlo y me gustaría hacerlo, pero nadie puede saber nada. Sé que formamos la pareja perfecta, pero si supiera la gente, me moriría de vergüenza. ¿Qué tal el martes a las ocho?

Srta. Guzmán

MEMO

Srta. Guzmán:

Imposible el martes. Tengo que salir con mi esposa (es su cumpleaños), pero el jueves sería perfecto. Creo que el jueves es el mejor día para ir al Club Caribe. No creo que encontremos a nadie que nos conozca; sólo por si acaso.

Gustavo

MEMO

Gustavo:

El jueves a las ocho en el nuevo Club Caribe. Tengo muchas ganas de bailar contigo.

Julia

MEMO

Julia:

    Gracias por el baile. ¡Eres increíble! Gracias por todo.
¡Soy el hombre más feliz del mundo!

                       Gustavo

MEMO

Gustavo:

    Gracias a ti por una noche inolvidable. Tengo muchos
celos de tu esposa pero yo nunca he estado más feliz.
Es una pena que yo no pueda ir a Puerto Rico

                       Julia

(b) Ahora termina estas oraciones como si fueras uno de los empleados que acaban de encontrar y leer los memos. Para terminar las oraciones tienes que leer entre líneas *(read between the lines).*

1. Era probable que la esposa de Gustavo no _____
   _____.

2. Es posible que en el Club Caribe ellos _____
   _____.

3. Yo no creía que Gustavo _____
   _____.

4. Si yo fuera Gustavo, _____
   _____.

5. Si yo fuera la esposa de Gustavo, _____
   _____.

6. A mí me sorprendió que Julia _____
   _____.

Actividad 17: La verdad. *(a)* Después de leer los memos y de expresar sus opiniones sobre la situación *(Actividad 16),* los empleados leyeron este artículo en el periódico. Léelo.

Anoche en el nuevo club nocturno, Club Caribe, tocó el conjunto La Salsa Tropical y para terminar hubo una competencia de baile. Ganó la pareja de Julia Guzmán y Gustavo Tamames. Recibieron un viaje para dos a San Juan, Puerto Rico, por una semana. Julia Guzmán dijo que no iba a ir y que le iba a dar su parte a la esposa de Gustavo para que pudieran celebrar su aniversario de diez años en Puerto Rico. Gustavo le prometió a Julia que le traería un buen regalo de su viaje. La esposa de Gustavo le explicó a este periódico que ella y su esposo se habían enamorado en Puerto Rico y que no habían tenido dinero para volver. Recibir el pasaje fue una sorpresa para la Sra. de Tamames. Otra cosa curiosa es que Julia es la jefa de Gustavo; por eso, él dijo que no creía que fuera a tener problemas en el trabajo al pedir una semana de vacaciones.

(b) Ahora completa esta carta donde la Sra. de Tamames le da las gracias a Julia.

Querida Srta. Guzmán:

No puedo creer que Ud. y mi esposo _____

_____. Estoy segura que nuestro viaje a Puerto Rico

_____.

Espero que algún día nosotros _____

_____ por Ud.

Muchísimas gracias por todo.

Un fuerte abrazo de,
Elisa Fernández de Tamames

Capítulo 18

PRÁCTICA COMUNICATIVA

Actividad 1: Corregir. Corrige estas oraciones según lo que aprendiste en las lecturas del libro de ejercicios y en otras partes del libro de texto.

1. El Salto Ángel e Iguazú son dos montañas de Suramérica.

   _____

   _____

2. Miguel Littín es de Perú.

   _____

3. Bolivia tiene una capital, Sucre.

   _____

4. Las Islas Canarias son de Ecuador; allí está el Instituto Darwin.

   _____

5. Los mayas y los incas son principalmente de México y de Centroamérica y los aztecas son de los

   Andes.

   _____

6. Los moros llevaron su lengua a España. Esta lengua forma la base del español de hoy día.

   _____

   _____

7. El Museo del Prado está en Bogotá y tiene la mayor colección de oro precolombino del mundo.

   _____

   _____

8. Una forma de música muy popular del Caribe es el flamenco.

   _____

   _____

9. En Guatemala hay cuatro idiomas oficiales: el catalán, el gallego, el vasco y el español.

   _____

   _____

Actividad 2: Una vida anterior. Crees en la reencarnación. En una vida anterior *(previous life)*, conociste a Shirley MacLaine en una de sus vidas anteriores. Contesta estas preguntas sobre el encuentro.

1. ¿Quién eras tú? _____

2. ¿Quién era Shirley? _____

3. ¿En qué país estuvieron y más o menos qué año era? _____
   _____

4. ¿Cómo era Shirley? _____
   _____

5. ¿Qué ropa llevaban Uds.? _____
   _____

6. ¿Qué y dónde comieron Uds.? _____
   _____

7. ¿Qué hicieron después de comer? _____
   _____

8. Shirley hizo algo que te sorprendió. ¿Qué hizo? _____
   _____

9. ¿Por qué te gustó o no te gustó ese encuentro con Shirley? _____
   _____

Actividad 3: Tus costumbres. En oraciones completas, contesta estas preguntas sobre cómo estudiaste este año para aprender el español.

1. ¿Habías estudiado español antes de este año? _____
   _____

   Si contestas que sí, ¿cuántos años hace que estudiaste y por cuánto tiempo? _____
   _____

2. ¿Cuánto tiempo estudiabas por semana este año? _____
   _____

3. ¿Qué hacías para aprender vocabulario? _____
   _____

4. ¿Qué te parecieron las cintas? ¿Las escuchabas sólo una vez o más de una vez? _____
   _____

5. ¿Te gustaba hablar con tus compañeros en clase? _____
   _____

6. ¿Hablabas mucho o poco en clase? _____
   _____

7. Si pudieras empezar otra vez, ¿hablarías más en clase? _____
   _____

8. Antes de empezar el curso, ¿pensabas que iba a ser fácil o difícil? _____

_____

9. ¿Has aprendido mucho o poco? _____

_____

10. ¿Usarás el español en el futuro? _____

_____

   Si contestas que sí, ¿cómo? _____

_____

11. Si mañana fueras a un país hispano, ¿podrías comunicarte con la gente a un nivel básico? _____

_____

Actividad 4: Los consejos.   Si tuvieras un amigo que quisiera estudiar español el año que viene, ¿qué consejos le darías? Escribe una lista de siete mandatos *(commands)* para ayudarle.

1. Para aprender vocabulario, _____

_____.

2. Cuando escuches las cintas, _____

_____.

3. Cuando estudies la gramática, _____

_____.

4. Para entender las lecturas, _____

_____.

5. En clase, _____

_____.

6. En clase, no _____

_____.

7. Cuando escribas en español, no _____

_____.

Lab Manual

Capítulo preliminar

MEJORANDO TU PRONUNCIACIÓN

Stressing words

You have already seen Spanish stress patterns in the text. Remember that a word that ends in **n**, **s**, or a vowel is stressed on the next-to-last syllable, for example, **repitan**, **Honduras**, **amigo**. A word that ends in a consonant other than **n** or **s** is stressed on the last syllable, as in the words **español**, **favor**, **Madrid**. Any exception to these two rules is indicated by a written accent mark on the stressed vowel, as in **Andrés**, **Perú**, **ángel**.

Placing correct stress on words helps you to be better understood. For example, the word **amigo** has its natural stress on the next-to-last syllable. Listen again: **amigo**, not **amigo**, nor **amigo**; **amigo**. Try to keep stress in mind when learning new words.

Actividad 1: Escucha y subraya.   *(a)* Listen to the following names of Hispanic countries and cities and underline the stressed syllables. You will hear each name twice.

1. Pa-na-ma
2. Bo-go-ta
3. Cu-ba
4. Ve-ne-zue-la

5. Me-xi-co
6. Ma-drid
7. Te-gu-ci-gal-pa
8. A-sun-cion

(b) Turn off the cassette player and decide which of the words from part *(a)* need written accents. Write the missing accents over the appropriate vowels.

Actividad 2: Los acentos.   *(a)* Listen to the following words related to an office and underline the stressed syllables. You will hear each word twice.

1. o-fi-ci-na
2. di-rec-tor
3. pa-pel
4. dis-cu-sion

5. te-le-fo-no
6. bo-li-gra-fo
7. se-cre-ta-rio
8. ins-truc-cio-nes

(b) Turn off the cassette player and decide which of the words from part *(a)* need written accents. Write the missing accents over the appropriate vowels.

Actividad 3: La fiesta. You will hear three introductions at a party. Indicate whether each one is formal or informal.

	Formal	Informal
1.	✓	☐
2.	☐	✓
3.	☐	✓

Actividad 4: ¿De dónde eres? You will hear three conversations. Don't worry if you can't understand every word. Just concentrate on discovering where the people in the pictures are from. Write this information on the lines provided in your lab manual.

1. _Ecuador_   2. _Guatemala_   3. _Uruguay_

Actividad 5: ¡Hola! ¡Adiós! You will hear three conversations. Don't worry if you can't understand every word. Just concentrate on discovering whether the people are greeting each other or saying good-bye.

	Saludo	Despedida
1.	✓	☐
2.	☐	✓
3.	✓	✓

Actividad 6: La entrevista. A man is interviewing a woman for a job. You will only hear what the man is saying. As you listen, number the response that the interviewee should logically make to each of the interviewer's statements and questions. Before listening to the interview, look at the woman's possible responses. You may have to listen to the interview more than once.

_4_ Gracias.

_3_ Soy de Caracas.

_2_ Claudia Menéndez.

_1_ ¡Muy bien!

Actividad 7: Las capitales. You will hear a series of questions on the capitals of various countries. Circle the correct answers in your lab manual. Before you listen to the questions, read all possible answers.

1. Washington, D.C.   San Salvador _1_   Lima

2. México   Guatemala   _2_ Madrid

3. Ottawa   Washington, D.C. _3_   Buenos Aires

Actividad 8: Los mandatos. You will hear a teacher give several commands. Number the picture that corresponds to each command. If necessary, stop the tape after each item.

_2_   _4_

_1_   _3_

Actividad 9: Las siglas. Listen and write the following acronyms.

1. _IE B m_
2. _C B S_
3. _ƒ m i_
4. _b b c_
5. _r r c a_
6. _c N N_

Actividad 10: ¿Cómo se escribe? You will hear two conversations. Concentrate on listening to the names that are spelled out within the conversations and write these names in your lab manual.

CECILIA Hob

1. _O B L_
2. _m r e i N A T T i_

Capítulo 1

MEJORANDO TU PRONUNCIACIÓN

Vowels

In Spanish, there are only five basic vowel sounds: **a, e, i, o, u.** These correspond to the five vowels of the alphabet. In contrast, English has long and short vowels, for example, the long *i* in *pie* and the short *i* in *pit*. In addition, English has the short sound, schwa, which is used to pronounce many unstressed vowels. For example, the first and last *a* in the word *banana* are unstressed and are therefore pronounced [ə]. Listen: *banana*. In Spanish, there is no similar sound because vowels are usually pronounced the same way whether they are stressed or not. Listen: **banana.**

Actividad 1: Escucha la diferencia.   Listen to the contrast in vowel sounds between English and Spanish.

Inglés	Español
1. map	mapa
2. net	neto
3. sea	sí
4. tone	tono
5. taboo	tabú

Actividad 2: Escucha y repite.   Listen and repeat the following names, paying special attention to the pronunciation of the vowel sounds.

1. **Ana Lara**
2. **Pepe Méndez**
3. **Mimí Pinti**
4. **Toto Soto**
5. **Lulú Mumú**

Actividad 3: Repite las oraciones.   Listen and repeat the following sentences from the textbook conversations. Pay attention to the pronunciation of the vowel sounds.

1. ¿Cómo se llama Ud.?
2. Buenos días.
3. ¿Cómo se escribe?
4. ¿Quién es ella?
5. Juan Carlos es de Perú.
6. Las dos Coca-Colas.

Actividad 4: Guatemala. You will hear a series of numbers. In your lab manual, draw a line to connect these numbers in the order in which you hear them. When you finish, you will have a map of Guatemala.

1	2	3	4	5	6	7	8	9	10
11	12	13	14	15	16	17	18	19	20
21	22	23	24	25	26	27	28	29	30
31	32	33	34	35	36	37	38	39	40
41	42	43	44	45	46	47	48	49	50
51	52	53	54	55	56	57	58	59	60
61	62	63	64	65	66	67	68	69	70
71	72	73	74	75	76	77	78	79	80
81	82	83	84	85	86	87	88	89	90
91	92	93	94	95	96	97	98	99	100

Actividad 5: Los números de teléfono. You will hear a telephone conversation and two recorded messages. Don't worry if you can't understand every word. Just concentrate on writing down the telephone number that is given in each case.

1. _____   2. _____   3. _____

Actividad 6: ¿Él o ella? Listen to the following three conversations and put a check mark under the drawing of the person who is being talked about in each case. Don't worry if you can't understand every word. Just concentrate on discovering to whom each discussion refers.

1. ☐   ☐   2. ☐   ☐   3. ☐   ☐

Actividad 7: En el tren. Carlos is talking to a woman with a child on the train. Listen to the questions that he asks. For each question, number the response that would be appropriate for the woman to give. Before you begin the activity, read the possible responses.

_____ Dos años.

_____ Andrea.

_____ De Tegucigalpa.

_____ Ella se llama Deborah.

Actividad 8: En el hotel. You will hear a conversation between a hotel receptionist and a guest who is registering. Fill out the computer screen in your lab manual with information about the guest. Don't worry if you can't understand every word. Just concentrate on listening for the information needed. You may have to listen to the conversation more than once. Remember to look at the computer screen before you begin the activity.

Huésped no. 3586

NOMBRE:

OCUPACIÓN:

DIRECCIÓN: Calle 5 Nº 232

Ciudad: País: Nicaragua

Código postal:

TELÉFONO:

Actividad 9: Los participantes. Mr. Torres and his assistant are going over the participants they have chosen for a TV game show. Listen to their conversation and fill out the chart with information on the participants. Don't worry if you can't understand every word. Just concentrate on listening for the information needed to complete the chart. You may have to listen to the conversation more than once.

Participantes	País	Ocupación	Edad
Francisco	*Chile*		
Laura		*abogada*	
Gonzalo			*30*
Andrea	*México*		

Conversación: *En el colegio mayor hispanoamericano* (text p. 15).

Conversación: *En la cafetería del colegio mayor* (text p. 27).

Capítulo 2

MEJORANDO TU PRONUNCIACIÓN

The consonant d

The consonant **d** is pronounced two different ways in Spanish. When **d** appears at the beginning of a word or after **n** or **l**, it is pronounced by pressing the tongue against the back of the teeth, for example, **depósito**. When **d** appears after a vowel, after a consonant other than **n** or **l**, or at the end of a word, it is pronounced like the *th* in the English word *they*, for example, **médico**.

Actividad 1: Escucha y repite. Listen and repeat the names of the following occupations, paying attention to the pronunciation of the letter **d.**

1. director
2. dueña de un negocio
3. vendedor
4. médico
5. estudiante
6. abogada

The Spanish sounds p, t, and [k]

The Spanish sounds **p, t,** and **[k]** ([k] represents a sound) are unaspirated. This means that no puff of air occurs when they are pronounced. Listen to the difference: *Peter*, **Pedro**.

Actividad 2: Escucha y repite. Listen and repeat the names of the following objects often found around the house. Pay attention to the pronunciation of the Spanish sounds **p, t,** and **[k].**

1. periódico
2. teléfono
3. computadora
4. televisor
5. cámara
6. disco compacto

Actividad 3: Las cosas de Marisel. Listen and repeat the following conversation between Teresa and Marisel. Pay attention to the pronunciation of the Spanish sounds **p, t,** and **[k].**

TERESA   ¿Tienes café?

MARISEL   ¡Claro que sí!

TERESA   ¡Ah! Tienes computadora.

MARISEL   Sí, es una Macintosh.

TERESA   A mí me gusta más la IBM porque es más rápida.

Actividad 4: La perfumería. You will hear a conversation in a drugstore between a customer and a salesclerk. Check only the products that the customer buys and indicate whether she buys one or more than one of each item. Don't worry if you can't understand every word. Just concentrate on the customer's purchases. Before you listen to the conversation, read the list of products.

	Uno	Más de uno *(more than one)*
1. aspirina	☐	☐
2. cepillo de dientes	☐	☐
3. crema de afeitar	☐	☐
4. champú	☐	☐
5. desodorante	☐	☐
6. jabón	☐	☐
7. pasta de dientes	☐	☐
8. peine	☐	☐
9. perfume	☐	☐

Actividad 5: ¿Hombre o mujer? Listen to the following remarks and write a check mark below the person or persons being described in each situation.

1. _____ _____   2. _____ _____

3. _____ _____   4. _____ _____

Actividad 6: El mensaje telefónico. Ms. Rodríguez calls home and leaves a message on the answering machine for her children, Esteban and Carina. Check off each item that Ms. Rodríguez reminds them about. Don't worry if you can't understand every word. Just concentrate on which reminders are for Esteban and which ones are for Carina. Before you listen to the message, look at the list of reminders.

	Esteban	Carina			Esteban	Carina
1. comprar hamburguesas	☐	☐		3. mirar video	☐	☐
2. estudiar matemáticas	☐	☐		4. no ir al dentista	☐	☐

Actividad 7: El regalo de cumpleaños. *(a)* You will hear a phone conversation between Álvaro and his mother, who would like to know what she can buy him for his birthday. Check off the things that Álvaro says he already has. Don't worry if you can't understand every word. Just concentrate on what Álvaro doesn't need. Before you listen to the conversation, read the list of possible gifts.

Álvaro tiene ...

☐ computadora

☐ lámpara

☐ máquina de escribir

☐ reloj

☐ toallas

(b) Now write what Álvaro's mother is going to give him for his birthday. You may need to listen to the conversation again.

El regalo es _____.

Actividad 8: La agenda de Diana. *(a)* Turn off the cassette player and write in Spanish two things you are going to do this weekend.

1. _____

2. _____

(b) Now complete Diana's calendar while you listen to Diana and Claudia talking on the phone about their weekend plans. Don't worry if you can't understand every word. Just concentrate on Diana's plans. You may have to listen to the conversation more than once.

Día	Actividades
viernes	*3:00 P.M.—examen de literatura*
sábado	
domingo	

Actividad 9: La conexión amorosa.   Mónica has gone to a dating service and has made a tape describing her likes and dislikes. Listen to the tape and then choose a suitable man for her from the two shown. Don't worry if you can't understand every word. Just concentrate on Mónica's preferences. You may use the following space to take notes. Before you listen to the description, read the information on the two men.

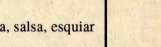

NOMBRE: Óscar Varone
OCUPACIÓN: profesor de historia
EDAD: 32
GUSTOS: música salsa, escribir
                poemas, correr

NOMBRE: Lucas González
OCUPACIÓN: médico
EDAD: 30
GUSTOS: música clásica, salsa, esquiar

El hombre perfecto para Mónica es _____.

(nombre)

Conversación: ¡Me gusta mucho! (text p. 37)

Conversación: Planes para una fiesta de bienvenida (text p. 52)

Capítulo 3

MEJORANDO TU PRONUNCIACIÓN

The consonants *r* and *rr*.

> The consonant **r** in Spanish has two different pronunciations: the flap, as in **carro**, similar to the double *t* sound in *butter* and *petty*, and the trill sound, as in **carro**. The **r** is pronounced with the trill only at the beginning of a word or after **l** or **n**, as in **reservado, sonrisa** *(smile)*. The **rr** is always pronounced with the trill, as in **aburrido**.

Actividad 1: Escucha y repite.   Listen and repeat the following descriptive words. Pay attention to the pronunciation of the consonants **r** and **rr**.

1. enfermo
2. rubio
3. moreno
4. gordo

5. aburrido
6. enamorado
7. preocupado
8. borracho

Actividad 2: Escucha y marca la diferencia.   Circle the word you hear pronounced in each of the following word pairs. Before you begin, look over the pictures and word pairs.

1. caro   carro

2. coro   corro

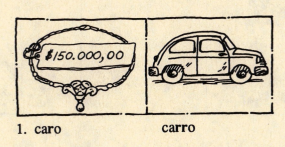

3. ahora   ahorra

4. cero   cerro

Actividad 3: Teresa. Listen and repeat the following sentences about Teresa. Pay attention to the pronunciation of the consonants **r** and **rr.**

1. Estudia turismo.

2. Trabaja en una agencia de viajes.

3. Su papá es un actor famoso de **Puerto Rico.**

4. ¿Pero ella es puertorriqueña?

MEJORANDO TU COMPRENSIÓN

Actividad 4: ¿En dónde? You will hear four remarks. In your lab manual, match the letter of each remark with the place where it is most likely to be heard. Before you listen to the remarks, review the list of places. Notice that there are extra place names.

1. _____ farmacia

2. _____ biblioteca

3. _____ teatro

4. _____ supermercado

5. _____ agencia de viajes

6. _____ librería

Actividad 5: Mi niña es ... A man has lost his daughter in a department store and is describing her to the store detective. Listen to his description and place a check mark below the drawing of the child he is looking for. Don't worry if you can't understand every word. Just concentrate on the father's description of the child. Before you listen to the conversation, look at the drawings.

1. ☐

2. ☐

3. ☐

(b) Now listen as these two people describe themselves, and enter these adjectives in the blanks provided. You may have to listen to the descriptions more than once.

Su opinión

1. *artística*
   optimista
   intellegente
   simpática

Su opinión

2. *timida*
   no pacienta
   pesimista
   serio, sociable

Conversación: *Una llamada de larga distancia* (text p. 60)

Conversación: *Hay familias ... y ... FAMILIAS* (text p. 75)

Capítulo 4

MEJORANDO TU PRONUNCIACIÓN

The consonant ñ

The pronunciation of the consonant **ñ** is similar to the *ny* in the English word *canyon*.

Actividad 1: Escucha y repite.   Listen and repeat the following words, paying attention to the pronunciation of the consonants **n** and **ñ**.

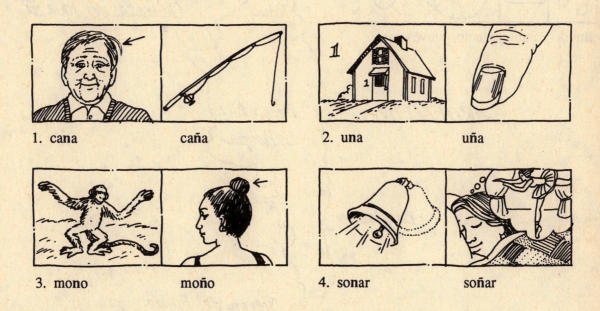

1. cana   caña   2. una   uña

3. mono   moño   4. sonar   soñar

Actividad 2: Escucha y repite.   Listen and repeat the following sentences from the textbook. Pay special attention to the pronunciation of the consonants **n** and **ñ**.

1. Estoy subiendo una montaña.

2. Conoces al señor Rodrigo, ¿no?

3. ¿Podrías comprar una guía urbana de Madrid de este año?

4. ¿Cuándo es tu cumpleaños?

Actividad 3: Los sonidos de la mañana.   Listen to the following sounds and write what Paco is doing this morning.

1. _____

2. _____

3. _____

4. _____

Actividad 4: El tiempo este fin de semana.   *(a)* As you hear this weekend's weather forecast for Argentina, draw the corresponding weather symbols on the map under the names of the places mentioned. Remember to read the place names on the map and look at the symbols before you listen to the forecast.

lluvia   nube   viento   nieve   sol

ARGENTINA

Jujuy   Cataratas del Iguazú

Buenos Aires
La Pampa

Bariloche

Tierra del Fuego

(b) Now rewind the tape and listen to the forecast again, this time adding the temperatures in Celsius under the names of the places mentioned.

Actividad 5: El detective Alonso.   Detective Alonso is speaking into his tape recorder while following a woman. Number the drawings in the upper left corner according to the order in which the events take place. Don't worry if you can't understand every word. Just concentrate on the sequence of events.

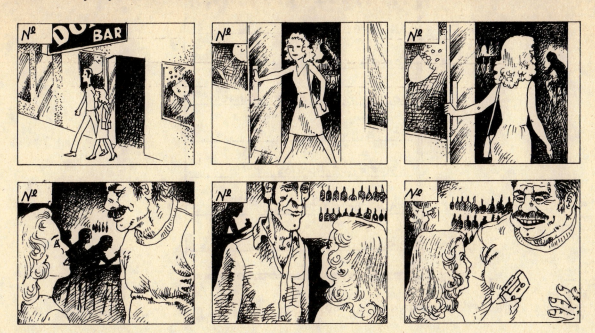

Actividad 6: La identificación del ladrón.   As you hear a woman describing a thief to a police artist, complete the artist's sketch. You may have to rewind the tape and listen to the description more than once.

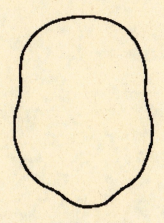

Actividad 7: La entrevista. Lola Drones, a newspaper reporter, is interviewing a famous actor about his weekend habits. Cross out those activities listed in Lola's notebook that the actor does *not* do on weekends. Don't worry if you can't understand every word. Just concentrate on what the actor does not do on weekends. Remember to read the list of possible activities before you listen to the interview.

se levanta tarde

corre por el parque

hace gimnasia en un gimnasio

ve televisión

estudia sus libretos (scripts)

sale con su familia

va al cine

Conversación: Noticias de una amiga (text p. 86)

Capítulo 5

MEJORANDO TU PRONUNCIACIÓN

The consonants *ll* and *y*

The consonants **ll** and **y** are usually pronounced like the *y* in the English word *yellow*. When the **y** appears at the end of a word, or alone, it is pronounced like the vowel **i** in Spanish.

Actividad 1: Escucha y repite.   Listen and repeat the following verse. Pay special attention to the pronunciation of the **ll** and the **y.**

> Hay una toalla
> en la playa amarilla.
> Hoy no llueve.
> Ella no tiene silla.

Actividad 2: Escucha y repite.   Listen and repeat the following sentences from the text. Pay special attention to the pronunciation of the **ll** and the **y.**

1. **Y** por favor, otra cerveza.

2. Voy a **ll**amar a Vicente **y** a Teresa.

3. Ellos también van al cine.

4. ¡Ay! No me gusta la actriz.

MEJORANDO TU COMPRENSIÓN

Actividad 3: ¿Qué acaban de hacer?   As you hear the following short conversations, circle what the people in each situation have just finished doing. Remember to read the list of possible activities before you begin.

1. a. Acaban de ver una película.

   b. Acaban de hablar con un director.

2. a. Acaban de tomarse un café.

   b. Acaban de comer.

3. a. Acaban de ducharse.

   b. Acaban de jugar un partido de fútbol.

Actividad 4: El cine. You will hear a recorded message and a conversation, both about movie schedules. As you listen, complete the information on the cards. Don't worry if you can't understand every word. Just concentrate on filling out the cards. Remember to look at the cards before beginning.

GRAN REX

La historia oficial

Horario: _____, _____, _____, 10:00

Precio: $_____ $_____ matinée.

SPLENDID

La mujer cucaracha

Horario: _____, 8:00, _____

Precio: $_____ $_____ matinée.

Actividad 5: Las citas del Dr. Malapata. As you hear Dr. Malapata's receptionist making appointments for two patients, complete the corresponding scheduling cards.

DR. MALAPATA

Paciente:

Fecha: Hora:

Fecha de hoy:

DR. MALAPATA

Paciente:

Fecha: Hora:

Fecha de hoy:

Actividad 6: *Segundamano.* Pedro works in the advertising department of the magazine *Segundamano*. Complete the following ads that telephone callers want to place. Don't worry if you can't understand every word. Just concentrate on completing the ads. Remember to look at the ads before you listen to the conversations.

1. _____ necesita _____. Llamar al _____.

2. _____ moto Honda. Modelo _____. Nueva.
   Tel. _____. Precio _____.

3. _____ traducciones del inglés al _____. Llamar
   al Sr. _____. Teléfono _____.

Actividad 7: La fiesta. *(a)* Look at the drawing of a party and write four sentences in Spanish describing what some of the guests are doing. Turn off the cassette player while you write.

1. _____
2. _____
3. _____
4. _____

(b) Miriam and Julio are discussing some of the guests at the party. As you listen to their conversation, write the guests' names in the drawing. Use arrows to indicate which name goes with which person. Don't worry if you can't understand every word. Just concentrate on who's who.

> **Pablo   Fabiana   Lucía   Mariana**

(c) Now listen to the conversation again and write the occupations of the four guests next to their names.

Nombre	Ocupación
1. Pablo	_____
2. Fabiana	_____
3. Lucía	_____
4. Mariana	_____

Actividad 8: Los fines de semana.   *(a)* Write three sentences in Spanish describing things you usually do on weekends. Turn off the cassette player while you write.

1. _____

2. _____

3. _____

(b) Pedro is on the phone talking to his father about what he and his roommate, Mario, do on weekends. Listen to their conversation and check off Pedro's activities versus Mario's. Remember to read the list of activities before you listen to the conversation.

	Pedro	Mario
1. Se acuesta temprano.	☐	☑
2. Se acuesta tarde.	☑	☐
3. Se levanta temprano.	☐	☐
4. Se levanta tarde.	☐	☐
5. Sale con sus amigos.	☐	☐
6. Juega al fútbol.	☐	☐
7. Juega al tenis.	☐	☐

Conversación: Esta noche no estudiamos (text p. 109)

Conversación: De compras en San Juan (text p. 128)

Capítulo 6

MEJORANDO TU PRONUNCIACIÓN

The sound [g]

The sound represented by the letter **g** before **a, o,** and **u** is pronounced a little softer than the English *g* in the word *guy*: **gustar, regalo, tengo.** Because the combinations **ge** and **gi** are pronounced **[he]** and **[hi]**, a **u** is added after the **g** to retain the **g** sound: **guitarra, guerra.**

Actividad 1: Escucha y repite.   Listen and repeat the following phrases, paying special attention to the pronunciation of the letter **g.**

1. mi ami**g**a
2. te **g**ustó
3. es ele**g**ante

4. sabes al**g**o
5. no ten**g**o
6. no pa**g**ué

Actividad 2: ¡Qué guapo! Listen and repeat the following conversation between Claudio and Marisa. Pay special attention to the pronunciation of the letter **g.**

MARISA	Me **g**usta mucho.
CLAUDIO	¿Mi bi**g**ote?
MARISA	Sí, estás **g**uapo pero cansado, ¿no?
CLAUDIO	Es que ju**g**ué tenis.
MARISA	¿Con **G**ómez?
CLAUDIO	No, con López, el **g**uía de turismo.

The sound [k]

The **[k]** sound in Spanish is unaspirated, as in the words **casa, claro, quitar,** and **kilo.** The **[k]** sound is spelled **c** before **a, o,** and **u; qu** before **e** and **i,** and **k** in a few words of foreign origin. Remember that the **u** is not pronounced in **que** or **qui,** as in the words **qué** and **quitar.**

Actividad 3: El saco. Listen and repeat the following conversation between a salesclerk and a customer. Pay attention to the **[k]** sound.

CLIENTE	¿**Cu**ánto **c**uesta ese sa**c**o?
VENDEDORA	¿A**qué**l?
CLIENTE	Sí, el de **c**uero negro.
VENDEDORA	¿No **qu**iere el sa**c**o azul?
CLIENTE	No. Bus**c**o uno negro.

Actividad 4: El gran almacén.   You are in Araucaria, a department store in Chile, and you hear about the sales of the day over the loudspeaker system. As you listen, write the correct price above each of the items shown.

Actividad 5: La habitación de Vicente.   Vicente is angry because Juan Carlos, his roommate, is very messy. As you listen to Vicente describing the mess to Álvaro, write the names of the following objects in the drawing of the room, according to where Juan Carlos leaves them.

medias	teléfono	libros	periódico

Actividad 6: ¿Presente o pasado?   As you listen to each of the following remarks, check off whether the speaker is talking about the present or the past.

Presente   Pasado

1. ☐   ☐
2. ☐   ☐
3. ☐   ☐
4. ☐   ☐

Actividad 7: El fin de semana pasado.   *(a)* In your lab manual write in Spanish three things you did last weekend. Turn off the cassette player while you write.

1. _____
2. _____
3. _____

(b) Now listen to Raúl and Alicia talking in the office about what they did last weekend. Write *R* next to the things that Raúl did, and *A* next to the things that Alicia did. Remember to look at the list of activities before you listen to the conversation.

1. _____ Fue a una fiesta.   6. _____ Tomó café.
2. _____ Trabajó.   7. _____ Habló con una amiga.
3. _____ Comió en su casa.   8. _____ Se acostó tarde.
4. _____ Se acostó temprano.   9. _____ Jugó al tenis.
5. _____ Fue al cine.   10. _____ Miró TV.

Actividad 8: La familia de Álvaro. This is an incomplete tree of Álvaro's family. As you listen to the conversation between Álvaro and Clara, complete the tree with the names listed in your lab manual. Don't be concerned if you don't understand every word. Just concentrate on completing the family tree. You may have to listen to the conversation more than once.

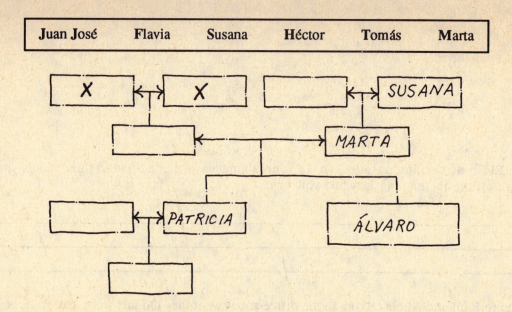

| Juan José | Flavia | Susana | Héctor | Tomás | Marta |

Actividad 9: Una cena familiar. Tonight there is a family dinner at Álvaro's and his mother is planning the seating arrangements. Listen to Álvaro's mother, Marta, as she explains her plan to Álvaro. Write the name of each family member on the card in front of his/her place setting. You may have to refer to *Actividad 8* for the names of some of Álvaro's relatives.

Actividad 10: El matrimonio de Nando y Olga. *(a)* Nando and Olga have already gotten married, and now Nando's father gets a phone call. Read the questions in your lab manual, then listen to the phone call and jot one-word answers next to each question. You may have to listen to the conversation more than once.

1. ¿Quién llamó al padre de Nando por teléfono? _____

2. ¿A quién le hizo un vestido la Sra. Montedio? _____

3. ¿Qué le aquiló la mamá de Nando a su hijo? _____

4. ¿Quiénes les regalaron un viaje a los novios? _____

5. ¿A quiénes llamaron los novios desde la República Dominicana? _____

(b) Now turn off your cassette player and use your one-word answers to write down complete answers to the questions from part *(a)*.

1. _____
2. _____
3. _____
4. _____
5. _____

Carta: Una carta de Argentina (text p. 138)

Conversación: El hotel secreto (text p. 154)

Capítulo 7

MEJORANDO TU PRONUNCIACIÓN

The consonants *b* and *v*

In Spanish, there is no difference between the pronunciation of the consonants **b** and **v**. When they occur at the beginning of a phrase or sentence, or after **m** or **n,** they are both pronounced like the **b** in the English word *bay,* for example, **bolso** and **vuelo.** In all other cases, they are pronounced by not quite closing the lips, as in **cabeza** and **nuevo.**

Actividad 1: Escucha y repite.   Listen and repeat the following travel-related words, paying special attention to the pronunciation of the initial **b** and **v.**

1. banco
2. vestido
3. vuelo
4. bolso
5. vuelta
6. botones

Actividad 2: Escucha y repite.   Listen and repeat the following weather expressions. Note the pronunciation of **b** and **v** when they occur within a phrase.

1. Está nublado.
2. Hace buen tiempo.
3. ¿Cuánto viento hace?
4. Llueve mucho.
5. Está a dos grados bajo cero.

Actividad 3: En el aeropuerto.   Listen and repeat the following sentences. Pay special attention to the pronunciation of **b** and **v.**

1. Buen viaje.
2. ¿Y su hijo viaja solo o con Ud.?
3. Las llevas en la mano.
4. ¿Dónde pongo las botellas de ron?
5. Vamos a hacer escala en Miami.
6. Pero no lo va a beber él.

Actividad 4: ¿Qué es?   As you hear each of the following short conversations in a department store, circle the name of the object that the people are discussing.

1. una blusa   un saco
2. unos pantalones   un sombrero
3. unas camas   unos videos

Actividad 5: Un mensaje para Teresa.   Vicente calls Teresa at work, but she is not there. Instead, he talks with Alejandro, Teresa's uncle. As you listen to their conversation, write the message that Vicente leaves.

MENSAJE TELEFÓNICO		
Para: _Teresa_		
Llamó: _____		
Teléfono: _____		
Mensaje: _____		
Recibido por: _Alejandro_	Fecha: _6 de septiembre_	Hora:

Actividad 6: La operadora.   You will hear two customers placing overseas phone calls through an operator. As you listen, check the kind of call that each customer wants to make.

	Teléfono a teléfono	Persona a persona	A cobro revertido
Llamada 1	☐	☐	☐
Llamada 2	☐	☐	☐

Actividad 7: Las excusas.   Two of Perla's friends call her to apologize for not having come to her party last night. They also explain why some others didn't show up. As you listen, match each person with his/her excuse for not going to the party. Notice that there are extra excuses.

Invitados	Excusas
1. _____ Esteban	a. Tuvo que estudiar.
2. _____ Pilar	b. No le gusta salir cuando llueve.
3. _____ Andrés	c. Conoció a una persona en la calle.
4. _____ Viviana	d. Se durmió en el sofá.
	e. No pudo dejar a su hermano solo.
	f. Se acostó temprano.

Actividad 8: Aeropuerto Internacional, buenos días.   You will hear three people calling the airport to ask about arriving flights. As you listen to the conversations, fill in the missing information on the arrival board.

Llegadas internacionales

Línea aérea	Número de vuelo	Procedencia	Hora de llegada	Comentarios
Iberia		Lima		a tiempo
VIASA	357		12:15	
TWA		NY/México		

Conversación: ¿En un "banco" de Segovia? (text p. 162)

Conversación: Un día normal en el aeropuerto (text p. 179)

Capítulo 8

MEJORANDO TU PRONUNCIACIÓN

The consonants *g* and *j*

As you saw in Chapter 6, the consonant **g,** when followed by the vowels **a, o,** or **u** or by the vowel combinations **ue** or **ui,** is pronounced a little softer than the *g* in the English word *guy,* for example, **gato, gordo, guerra. G** followed by **e** or **i** and **j** in all positions are both pronounced similarly to the *h* in the English word *hot,* as in the words **general** and **Jamaica.**

Actividad 1: Escucha y repite.   Listen and repeat the following words. Pay attention to the pronunciation of the letters **g** and **j.**

1. ojo
2. Juan Carlos
3. trabajar
4. escoger
5. congelador

Actividad 2: Escogiendo asignaturas.   Listen and repeat the following conversation between two students. Pay attention to the pronunciation of the letters **g** and **j.**

EL ESTUDIANTE   ¿Qué asignatura vas a escoger?

LA ESTUDIANTE   Creo que psicología.

EL ESTUDIANTE   Pero es mejor geografía.

LA ESTUDIANTE   ¡Ay! Pero no traje el papel para registrarme.

EL ESTUDIANTE   ¿El papel rojo?

LA ESTUDIANTE   No. El papel anaranjado.

Actividad 3: El crucigrama. Use the clues you will hear to complete the puzzle on electrical appliances. Remember to look over the list of words and the puzzle before you listen to the clues.

| aspiradora | horno | lavaplatos | secadora |
| cafetera | lavadora | nevera | tostadora |

Actividad 4: Alquilando un apartamento. Paulina has seen an ad listing an apartment for rent and calls to find out more about it. Listen to Paulina's conversation with the apartment manager and complete her notes on the apartment.

Teléfono 986-4132

Apartamento: 1 dormitorio

¿Alquiler? $ _____   ¿Depósito? $ _____

¿Amueblado? _____

¿Teléfono? _____

¿Dirección? San Martín _____   ¿Piso? _____

Actividad 5: ¿Dónde ponemos los muebles? Paulina and her husband are moving into a new apartment and are now planning where to place their bedroom furniture. As you listen to their conversation, indicate where they are going to put each piece of furniture by writing the number of each item in one of the squares on the floor plan of their bedroom.

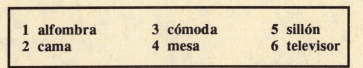

1 alfombra	**3** cómoda	**5** sillón
2 cama	**4** mesa	**6** televisor

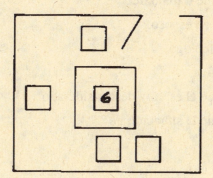

Actividad 6: En el Rastro. Vicente and Teresa go to the Rastro (an open-air market in Madrid) to look for some inexpensive shelves. Listen to their conversation with a vendor and, based on what you hear, check whether the statements in your lab manual are true or false.

	Cierto	Falso
1. Hay poca gente en este mercado.	☐	☐
2. Vicente ve unos estantes.	☐	☐
3. Los estantes son baratos.	☐	☐
4. Teresa regatea *(bargains)*.	☐	☐
5. El comerciante no baja el precio.	☐	☐
6. Teresa compra dos estantes.	☐	☐

Actividad 7: Radio consulta. *(a)* Esperanza is the hostess of **"Problemas,"** a call-in radio show. As you listen to the following conversation between a caller and Esperanza, check off the caller's problem.

1. ☐ La señora está deprimida *(depressed)*.
2. ☐ La señora no sabe dónde está su animal.
3. ☐ La señora tiene un esposo que no le gusta bañarse.
4. ☐ La señora tiene un hijo sucio *(dirty)*.

(b) Before you listen to Esperanza's reply, choose which actions from the list *you* would advise the caller to take.

	Tus consejos
1. Debe poner a su esposo en la bañera.	☐
2. Debe hablar con un compañero de trabajo de su esposo para que él le hable a su esposo.	☐
3. Debe llevar a su esposo a un psicólogo.	☐
4. Ella necesita hablar con una amiga.	☐
5. Tiene que decirle a su esposo que él es muy desconsiderado.	☐
6. Tiene que decirle a su esposo que la situación no puede continuar así.	☐

(c) Now, listen to Esperanza and check off the three pieces of advice she gives.

**Los consejos
de Esperanza**

1. Debe poner a su esposo en la bañera. ☐

2. Debe hablar con un compañero de trabajo de

    su esposo para que él le hable a su esposo. ☐

3. Debe llevar a su esposo a un psicólogo. ☐

4. Ella necesita hablar con una amiga. ☐

5. Tiene que decirle a su esposo que él es muy desconsiderado. ☐

6. Tiene que decirle a su esposo que la situación

    no puede continuar así. ☐

Actividad 8: El dictáfono.   Patricio's boss is out of the office, and she has left him a message on the Dictaphone reminding him of the things they have to do today. Listen to the message and write a **P** in front of the things that Patricio is asked to do and a **J** (for **jefa**) in front of the things that Patricio's boss will do herself.

1. _____ comprar una cafetera

2. _____ escribir un telegrama a los señores Montero

3. _____ llamar a los señores Montero para verificar su dirección

4. _____ llamar a la agencia de viajes

5. _____ ir a la agencia de viajes

6. _____ ir al banco

7. _____ pagar el pasaje

Conversación: *Buscando apartamento* (text p. 189)

Conversación: *Todos son expertos* (text p. 206)

Capítulo 9

MEJORANDO TU PRONUNCIACIÓN

The consonants c, s, and z

> The consonant c followed by an e or an i, and the consonants s and z, are all pronounced like the s in the English word *sin*.
>
> In Hispanic America, c, s, and z, followed by an e or an i are usually pronounced like the s in the English word *sin*. In Spain, on the other hand, the consonants c and z followed by an e or an i are usually pronounced like the *th* in the English word *thin*.

Actividad 1: Escucha y repite. *(a)* Listen and repeat the following food-related words. Pay attention to the pronunciation of the letter c followed by an e or an i, and the letters s and z.

1. la taza
2. el vaso
3. la ensalada
4. el postre
5. la cocina
6. la cerveza

(b) Now listen to the same words again as they are pronounced by a speaker from Spain. Do not repeat the words.

Actividad 2: La receta. Listen to the following portions of Álvaro's tortilla recipe. Pay attention to how Álvaro, who is from Spain, pronounces the consonant c followed by an e or an i, and the consonants s and z.

Se cortan unas cuatro patatas grandes.

Luego se fríen en aceite.

Mientras tanto, revuelves los huevos.

Se ponen las patatas y la cebolla en un recipiente.

Y se añade un poco de sal.

Actividad 3: ¿Certeza o duda?   You will hear four statements. For each of them, indicate whether the speaker is expressing certainty or doubt.

	Certeza	Duda
1.	❑	❑
2.	❑	❑
3.	❑	❑
4.	❑	❑

Actividad 4: Mañana es día de fiesta.   Silvia is talking on the phone with a friend about her plans for tomorrow. As you listen to what she says, write four phrases about what may happen.

Mañana quizás / tal vez...

1. _____

2. _____

3. _____

4. _____

Actividad 5: Mi primer trabajo.   As you listen to Mariano telling about his first job, fill in each of the blanks in his story with one or more words.

_____ cuando tuve mi primer tabajo. _____

_____ cuando llegué a la oficina el primer día. Allí conocí a mis

colegas. Todos eran muy simpáticos. Una persona estaba enferma, así que yo _____

todo el santo día. _____ de la mañana cuando terminé. Ése fue un día difícil

pero feliz.

Actividad 6: El horario de Nélida.   After you hear what Nélida did this evening, figure out when each event happened. You may want to take notes in the space provided.

¿A qué hora pasaron estas cosas?

1. Nélida llegó a casa.   _____

2. Alguien la llamó.   _____

3. Entró en la bañera.   _____

4. Comenzó "Cheers".   _____

5. Se durmió.   _____

Actividad 7: Las compras. Doña Emilia is going to send her son Ramón grocery shopping and is now figuring out what they need. As you listen to their conversation, check off the items they have, those they need to buy, and those they are going to borrow from a neighbor.

	Tienen	Van a comprar	Van a pedir prestado *(borrow)*
1. aceite	☐	☐	☐
2. tomates	☐	☐	☐
3. Coca-Cola	☐	☐	☐
4. vino blanco	☐	☐	☐
5. leche	☐	☐	☐
6. vinagre	☐	☐	☐

Actividad 8: La receta de doña Petrona. You will now hear doña Petrona demonstrating how to make **ensalada criolla** on her television program, **"Recetas Exitosas."** As you hear her description of each step, number the drawings to show the correct order. Note that there are some extra drawings.

_l.___ _____ _____ _____

_____ _____ _____ _____

Actividad 9: Cuando estudio mucho. *(a)* Turn off the cassette player and write in Spanish three things that you like doing to take your mind off school or work.

1. _____
2. _____
3. _____

(b) Federico, Gustavo, and Marisa are discussing what they do to take their minds off their studies. Listen to their conversation and write down sentences to indicate what activity (or activities) each of them finds relaxing.

1. Federico: _____

2. Gustavo: _____

   _____

3. Marisa: _____

   _____

Actividad 10: El viaje a Machu Picchu.   Mr. López receives a strange phone call. Listen to his conversation with the caller and check whether each statement is true or false.

	Cierto	Falso
1. El señor López ganó un viaje a Ecuador.	☐	☐
2. La señora dice que una computadora escogió su número de teléfono.	☐	☐
3. La señora dice que él ganó pasajes para dos personas.	☐	☐
4. El señor López le da su número de tarjeta de crédito a la mujer.	☐	☐
5. El señor López cree que la mujer le dice la verdad.	☐	☐

Conversación: *Un fin de semana activo* (text p. 215)

Conversación: *Después de un día de trabajo, una cena ligera* (text p. 230)

Capítulo 10

MEJORANDO TU PRONUNCIACIÓN

Diphthongs

In Spanish, vowels are classified as weak (**i, u**) or strong (**a, e, o**). A diphthong is a combination of two weak vowels or a weak and a strong vowel. When a strong and a weak vowel are combined in the same syllable, the strong vowel takes a slightly greater stress, for example, **vuelvo.** When two weak vowels are combined, the second one takes a slightly greater stress, as in the word **ciudad.** Sometimes the weak vowel in a strong-weak combination takes a written accent, and the diphthong is therefore dissolved, as in **día.**

Actividad 1: Escucha y repite.   Escucha y repite las siguientes palabras.

1. la p**ie**rna
2. la leng**ua**
3. los **oí**dos
4. los lab**io**s
5. el p**ie**
6. c**ui**dar

Actividad 2: Escucha y repite.   Escucha y repite las siguientes oraciones de la conversación en el libro de texto entre Vicente y sus padres.

1. S**ie**mpre los echo de menos.
2. B**ue**no, ahora vamos a ir a Sarchí.
3. Ten**í**a tres a**ño**s c**ua**ndo sub**í** a la carreta del ab**ue**lo.
4. Me d**ue**le la cabeza.
5. ¿Qu**ie**res comprarle algo de artesan**í**a típica?

Actividad 3: ¿Diptongo o no?   Escucha y marca si las siguientes palabras contienen un diptongo o no.

	Sí	No
1.	☐	☐
2.	☐	☐
3.	☐	☐
4.	☐	☐
5.	☐	☐

Actividad 4: Los preparativos de la fiesta.   La. Sra. Uriburu llama a casa para ver si su esposo ha hecho algunos preparativos para la cena de esta noche. Mientras escuchas a la Sra. Uriburu, escoge las respuestas correctas de su esposo de la lista presentada.

1. a. Sí, ya la limpié.

    b. Sí, ya lo limpié.

2. a. No, no lo compro.

    b. No, no lo compré.

3. a. No tuviste tiempo.

    b. No tuve tiempo.

4. a. Sí, te la preparé.

    b. Sí, se la preparé.

5. a. Sí, se lo di.

    b. Sí, se los di.

6. a. No, no me llamó.

    b. No, no la llamé.

Actividad 5: Los testimonios.   Ayer hubo un asalto a un banco *(bank robbery)* y ahora un detective les está haciendo preguntas a tres testigos *(witnesses)*. Escucha las descripciones de los testigos y escoge el dibujo correcto del asaltante *(thief)*.

Actividad 6: El telegrama. El asaltante del banco llama por teléfono al correo porque necesita mandar un telegrama a su jefe. Escucha la conversación y escribe el telegrama. Cuando termines, para el cassette y usa las letras que tienen números debajo para descifrar *(decode)* el mensaje secreto que el asaltante le manda a su jefe.

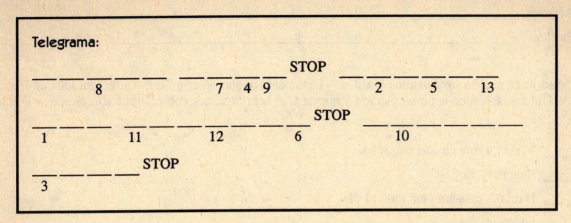

Telegrama:

___ ___ ___ ___ ___   ___ ___ ___   STOP   ___ ___ ___ ___ ___ ___
         8   7 4 9   2   5   13

___ ___ ___   ___ ___ ___ ___   STOP   ___ ___ ___ ___ ___ ___
1   11   12   6   10

___ ___ ___ ___   STOP
3

El mensaje secreto:

___ ___   ___ ___ ___ ___   ___ ___ ___ ___ ___   ___ ___   ___ ___ ___ ___ ___
1   2   3   4   5   2   6   7   8   13 4   9   6   10 7   11 12

Actividad 7: El accidente automovilístico. *(a)* Vas a escuchar una entrevista de radio con una doctora que vio un accidente automovilístico entre un camión y un autobús escolar. Antes de escuchar, para el cassette y usa la imaginación para marcar qué hacían las personas de la lista cuando la doctora llegó al lugar del accidente.

1. los niños _____

2. los paramédicos _____ y _____

3. los peatones *(pedestrians)* _____

4. la policía _____

a. revisaban a los niños

b. lloraban

c. controlaba el tráfico

d. ayudaban a los niños

e. miraban

(b) Ahora escucha la entrevista y marca qué hacían las personas de la lista según *(according to)* la doctora.

1. los niños _____

2. los paramédicos _____ y _____

3. los peatones *(pedestrians)* _____

4. la policía _____

a. revisaban a los niños

b. lloraban

c. controlaba el tráfico

d. ayudaban a los niños

e. miraban

Actividad 8: Los regalos. María y Pedro van a una tienda de deportes que tiene varias ofertas. Escucha la conversación y escribe qué les compran a sus hijos.

Le compran a ...

1. Miguel _____

2. Felipe _____

3. Ángeles _____

4. Patricia _____

Actividad 9: Diana en los Estados Unidos. Diana está hablando con Teresa sobre su vida en los Estados Unidos. Escucha la conversación y marca **C** si las oraciones sobre Diana son ciertas o **F** si son falsas.

1. _____ Vivía en una ciudad pequeña.

2. _____ Enseñaba inglés.

3. _____ Hablaba español casi todo el día.

4. _____ Se levantaba tarde.

5. _____ Ella vivía con sus padres.

6. _____ Estudiaba literatura española.

Conversación: ¡Feliz día! (text p. 240)

Conversación: Teresa, campeona de tenis (text p. 253)

Capítulo 11

MEJORANDO TU PRONUNCIACIÓN

The consonant *h*

The consonant **h** is always silent in Spanish. For example, the word *hotel* in English is **hotel** in Spanish.

Actividad 1: Escucha y repite.   Escucha y repite las siguientes frases relacionadas con la salud.

1. hemorragia
2. hospital
3. hacer un análisis

4. herida
5. alcohol
6. hepatitis

Actividad 2: En el consultorio.   Escucha y repite las siguientes oraciones de la conversación en el libro de texto entre la familia de don Alejandro y la doctora.

1. Hoy me duele la pierna derecha.
2. Debemos hacerle un análisis de sangre ahora mismo.
3. Hay que ingresarlo en el hospital.
4. Tú eres un hombrecito.

MEJORANDO TU COMPRENSIÓN

Actividad 3: No me siento bien.   *(a)* Vas a escuchar tres conversaciones sobre personas que tienen problemas de salud *(health)*. Escucha y escribe en la tabla *(table)* qué problema tiene cada persona.

	Problema
El hombre	
La niña	
Adriana	

(b) Ahora escucha las conversaciones otra vez y escribe en la tabla qué consejo recibe cada persona.

	Consejo
El hombre	
La niña	
Adriana	

Actividad 4: La conversación telefónica.   Clara está hablando por teléfono con una amiga. Tiene hipo *(hiccups)* y no puede terminar algunas frases. Escucha lo que dice Clara y selecciona una palabra para completar la idea que ella no termina cada vez que el hipo la interrumpe. Numéralas del 1 al 4.

_____ aburrido

_____ dormidos

_____ preocupada

_____ sentados

Actividad 5: La fiesta inesperada.   Esteban decidió hacer una fiesta ayer por la noche e inmediatamente llamó a sus amigos y les dijo que vinieran exactamente como estaban en ese momento *(come as you are)*. Hoy Esteban está hablando con su madre sobre la fiesta. Escucha la conversación y marca qué estaba haciendo cada una de estas personas cuando Esteban las llamó.

_____ Ricardo

_____ María

_____ Héctor

_____ Silvio

_____ Claudia

a. Estaba mirando televisión.

b. Estaba vistiéndose.

c. Estaba bañándose.

d. Estaba afeitándose.

e. Estaba comiendo.

Actividad 6: Problemas con el carro.   Un señor tuvo un accidente automovilístico y ahora está hablando por teléfono con un agente de la compañía de seguros *(insurance company)* para decirle los problemas que tiene su carro. Escucha la conversación y pon una **X** sólo en las partes del carro que tienen problemas.

Actividad 7: Quiero alquilar un carro.   Tomás está en Santiago, Chile, y quiere alquilar un carro por una semana para conocer el país. Por eso llama a una agencia de alquiler para obtener información. Escucha la conversación y completa los apuntes *(notes)* que él toma.

Rent-a-carro: 42-65-76

Por semana: $ _____

Día extra: $ _____

¿Seguro *(Insurance)* incluido? Sí/No   ¿Cuánto? $ _____

¿Depósito? Sí/No

¿Puedo devolver *(return)* el carro en otra ciudad? Sí/No

¿A qué hora debo devolverlo? _____

Conversación: De vacaciones y enfermo (text p. 261).

Conversación: Si manejas, te juegas la vida (text p. 278).

Capítulo 12

MEJORANDO TU PRONUNCIACIÓN

Linking

In normal conversation, you link words as you speak to provide a smooth transition from one word to the next. In Spanish, the last letter of a word can usually be linked to the first letter of the following word, for example, **mis amigas, tú o yo.** When the last letter of a word is the same as the first letter of the following word, they are pronounced as one letter, for example, **las sillas, te encargo.** Remember that the **h** is silent in Spanish, so the link occurs as follows: **la habilidad.**

Actividad 1: Escucha y repite.   Escucha y repite las siguientes frases idiomáticas prestando atención de unir las palabras.

1. el mal de ojo
2. vale la pena
3. qué hotel más lujoso
4. más o menos
5. favor de escribirme

Actividad 2: En el restaurante argentino.   Escucha y repite parte de la conversación entre Teresa y Vicente en el restaurante argentino.

TERESA   ¡Qué chévere este restaurante argentino! ¡Y con conjunto de música!

VICENTE   Espero que a la experta de tenis le gusten la comida y los tangos argentinos con

bandoneón y todo.

TERESA   Me fascinan. Pero, juegas bastante bien, ¿sabes?

VICENTE   Eso es lo que pensaba antes de jugar contigo ...

Actividad 3: Los instrumentos musicales. Vas a escuchar cuatro instrumentos musicales. Numera cada instrumento que escuches.

_____ batería

_____ violín

_____ violonchelo

_____ trompeta

_____ flauta

Actividad 4: En el restaurante. Una familia está pidiendo la comida en un restaurante. Escucha la conversación y marca qué quiere cada persona.

Mesa No. 8			Camarero: Juan
Cliente No.			Menú
1 (mujer)	2 (hombre)	3 (niño)	
			Primer Plato
			Sopa de verduras
			Espárragos con mayonesa
			Tomate relleno
			Segundo Plato
			Ravioles
			Bistec de ternera
			Medio pollo al ajo
			Papas fritas
			Puré de papas
			Ensalada
			Mixta
			Zanahoria y huevo
			Criolla

Actividad 5: La dieta Kitakilos. *(a)* Mira los dibujos de María antes y después de la dieta del Dr. Popoff. Para el cassette y escribe debajo de cada dibujo dos adjetivos que la describen. Imagina y escribe también dos cosas que ella puede hacer ahora que no hacía antes.

Antes

María era _____ y

_____ .

Después

Ahora es _____ y

_____ y puede

_____ y

_____ .

(b) Ahora escucha un anuncio comercial sobre la dieta del Dr. Popoff y escribe dos cosas que hacía María antes de la dieta y dos cosas que hace después de la dieta. No es necesario escribir todas las actividades que ella menciona.

Antes

_____

_____

_____

Después

_____

_____

_____

Actividad 6: La isla Pita Pita. Escucha la descripción de la isla Pita Pita y usa los símbolos que se presentan y los nombres de los lugares para completar el mapa incompleto. Los nombres de los lugares que se mencionan son **Blanca Nieves, Hércules, Mala-Mala, Panamericana** y **Pata**.

Actividad 7: Visite Venezuela. ¿Sabes cuáles de los lugares de la lista presentada pertenecen a Venezuela y cuáles no? Escucha el anuncio comercial sobre Venezuela y marca sólo los lugares que pertenecen a este país.

_____ Salto Ángel

_____ Cataratas del Iguazú

_____ Ciudad Bolívar

_____ Mérida

_____ Islas Galápagos

_____ Islas Los Roques

_____ playa de Punta del Este

_____ playa de La Guaira

_____ Volcán de Fuego

Actividad 8: Las tres casas. *(a)* Llamas a una inmobiliaria *(real-estate agency)* para obtener información sobre tres casas y te contesta el contestador automático. Escucha la descripción sobre las casas y completa la tabla.

	Tamaño (m²)	Dormitorios	Año	Precio (dólares)
Casa 1	*250*			*350.000*
Casa 2		*2*		
Casa 3			*1995*	

(b) Ahora mira la tabla y escucha las siguientes oraciones. Marca **C** si son ciertas o **F** si son falsas.

1. _____   4. _____

2. _____   5. _____

3. _____

Conversación: ¡Qué música! (text p. 288)

Capítulo 13

MEJORANDO TU PRONUNCIACIÓN

Intonation

> Intonation in Spanish usually goes down in statements, information questions, and commands, for example, **Me llamo Susana. ¡Qué interesante! ¿Cómo te llamas? No fume.** On the other hand, intonation goes up in yes/no questions and tag questions, for example, **¿Eres casado? Estás casado, ¿no?**

Actividad 1: ¿Oración declarativa o pregunta?   Escucha las siguientes oraciones y marca si son oraciones declarativas *(statements)* o preguntas que se pueden contestar con **sí** o **no.**

	Oración declarativa	Pregunta con respuesta de sí o no
1.	☐	☐
2.	☐	☐
3.	☐	☐
4.	☐	☐
5.	☐	☐
6.	☐	☐
7.	☐	☐
8.	☐	☐

Actividad 2: Escucha y repite.   Escucha y repite las siguientes oraciones de la conversación en el libro de texto entre don Alejandro y los chicos. Presta atención a la entonación.

1. ¡Entren, entren muchachos!

2. Igualmente, don Alejandro. ¿Cómo está?

3. Yo no tengo ningún plan en particular.

4. ¿Pueden darme más detalles?

5. ¿De qué se trata?

6. Hasta luego.

7. ¡Me parece buenísimo!

Actividad 3: ¿Qué le pasó?   Vas a escuchar cuatro situaciones de personas que están viajando. Numera las frases según la situación que describen.

_____ Se le rompió el Pepto Bismol en la maleta.

_____ Se le cayó un vaso.

_____ Se le perdió dinero.

_____ Se le perdió la tarjeta de crédito.

_____ Se le olvidó el nombre.

_____ Se le olvidó la llave en el carro.

Actividad 4: La dieta.   *(a)* La Sra. Kilomás necesita perder peso *(to lose weight)* y está en el consultorio hablando con.el médico. Para el cassette y escribe tres cosas que piensas que el médico le va a decir que no coma.

1. _____   2. _____   3. _____

(b) Ahora escucha la conversación y escribe en la columna correcta las cosas que la Sra. Kilomás puede y no puede comer o beber.

Coma:

_____

_____

No coma:

_____

_____

_____

_____

_____

Beba:

_____

_____

_____

No beba:

_____

_____

Actividad 5: El Club Med.   El Sr. Lobos está hablando con su secretaria sobre el tipo de persona que busca para el puesto *(job)* de director de actividades. Escucha la conversación y luego elige *(choose)* el aviso clasificado que prepara la secretaria después de la conversación.

1 CLUB MED BUSCA

CLUB MED BUSCA

Persona atlética y enérgica para ser **Director de actividades.**

REQUISITOS: saber inglés, conocer un Club Med, tener experiencia con niños.

CLUB MED BUSCA

Persona atlética y enérgica para ser **Director de actividades.**

REQUISITOS: saber inglés y francés, conocer la República Dominicana, tener experiencia con niños y adultos.

La secretaria escribe el aviso número _____.

Actividad 6: El tour a Guatemala.   *(a)* Imagina que tienes la posibilidad de ir a Guatemala. Para el cassette y escribe cuál de los tours presentados prefieres.

GUATEMALA SOL

Incluye:
- Pasaje de ida y vuelta
- 9 días en hoteles ★ ★ ★ ★
- Tours con guía a Antigua y Chichicastenango
- Opcional: ruinas de Tikal

GUATEMALA CALOR

Incluye:
- Pasaje de ida y vuelta
- 9 días en hoteles ★ ★ ★
- Tours sin guía a Antigua y Chichicastenango
- Opcional: ruinas de Tikal

Prefiero el tour _____.

(b) Terencio llama a una agencia de viajes porque quiere hacer un tour por Guatemala. Escucha la conversación con el agente de viajes y luego indica qué tour de la parte *(a)* el agente de viajes le va a ofrecer.

El agente de viajes le va a ofrecer el tour _____.

Actividad 7: En la oficina de turismo. Hay algunos turistas en una oficina de turismo. Escucha las conversaciones entre un empleado y diferentes turistas y completa el mapa con los nombres de los lugares donde quieren ir los turistas: el **correo,** una **iglesia** y el **Hotel Aurora.** Antes de empezar, busca en el mapa la oficina de turismo.

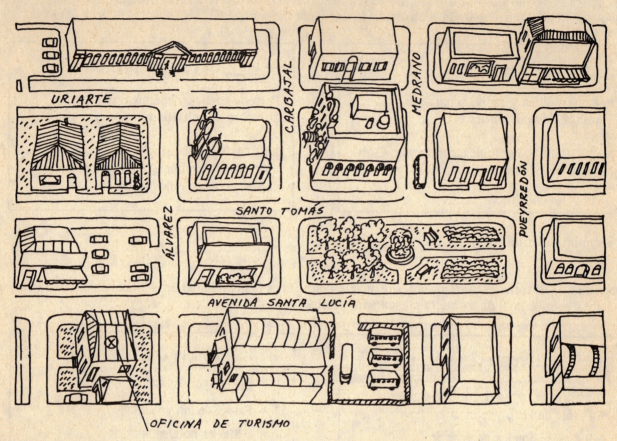

Actividad 8: La llamada anónima. Unos hombres secuestraron *(kidnapped)* al Sr. Tomono, un diplomático, en Guayaquil, Ecuador, y quieren un millón de dólares. Llaman a la Sra. Tomono para decirle qué debe hacer con el dinero. Escucha la conversación telefónica y marca las oraciones presentadas con **C** si son ciertas o con **F** si son falsas.

1. _____ La Sra. Tomono debe poner el dinero en una maleta marrón.

2. _____ Ella debe ir a la esquina de las calles Quito y Colón.

3. _____ Tiene que hablar por el teléfono público.

4. _____ Tiene que ir con su hija.

Actividad 9: Los secuestradores y el detector.   La Sra. Tomono avisó a la policía y ellos pusieron un detector en la maleta con el dinero. La señora ya entregó el dinero a los secuestradores *(kidnappers)* y ahora un policía está siguiendo el camino del carro en una computadora. Mientras escuchas al policía, marca el camino que toma el carro y pon una **X** donde el carro se detiene *(stops)*. Cuando termines, vas a saber dónde está el Sr. Tomono. Comienza en la esquina de las calles Quito y Colón.

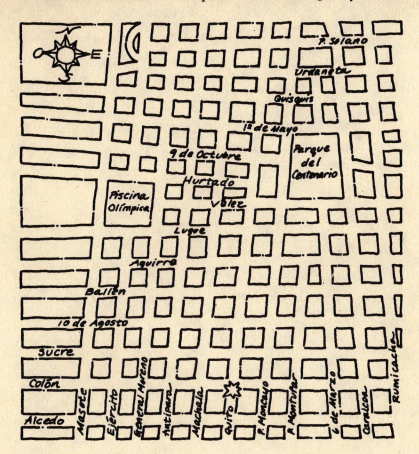

Conversación: La oferta de trabajo (text p. 312).

Conversación: Impresiones de Miami (text p. 327).

Capítulo 14

MEJORANDO TU PRONUNCIACIÓN

Review of the Spanish sounds *p*, *t*, and *[k]*, and *d*

Remember that the Spanish sounds **p, t,** and **[k]** are not aspirated, as in **papel, tomate, carta,** and that **d** can be pronounced as in **donde** or as in **Adela.**

Actividad 1: Un dictado. Escucha y completa la siguiente historia sobre Álvaro.

Álvaro fue al _____. Él _____ mucho miedo porque sabía que

tenía un _____ muy grave en la muela. El _____ le miró la

_____ y le dijo que tenía una _____. A Álvaro le

_____ mucho y fue una _____, pero finalmente le pusieron un

_____.

MEJORANDO TU COMPRENSIÓN

Actividad 2: ¿Cómo paga? Escucha las siguientes situaciones y marca cómo va a pagar la persona en cada caso.

	Efectivo	Tarjeta de crédito	Cheque	Cheque de viajero
1.	☐	☐	☐	☐
2.	☐	☐	☐	☐
3.	☐	☐	☐	☐

Actividad 3: En la casa de cambio. Un cliente está en una casa de cambio y necesita cambiar dinero. Escucha la conversación y contesta las preguntas en el manual de laboratorio.

1. ¿Qué moneda tiene el cliente? _____

2. ¿Qué moneda quiere? _____

3. ¿A cuánto está el cambio? _____

4. ¿Cuánto dinero quiere cambiar? _____

5. ¿Cuánto dinero recibe? _____

Actividad 4: Pichicho. Sebastián le está mostrando a su amigo Ramón las cosas que su perro Pichicho puede hacer. Escucha a Sebastián y numera los dibujos según los mandatos *(commands)*. ¡Ojo! Hay dibujos de ocho mandatos pero Sebastián sólo da seis.

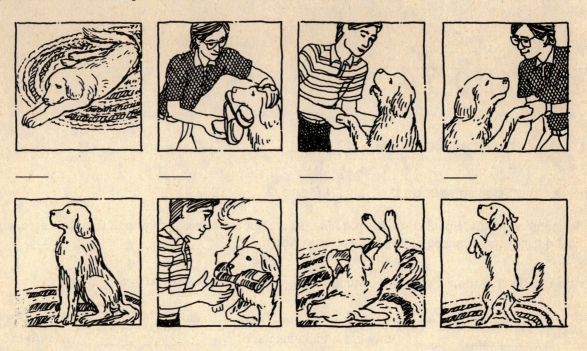

_____   _____   _____   _____

_____   _____   _____   _____

Actividad 5: ¿De qué hablan? Escucha las minisituaciones y marca de qué están hablando las personas.

1. a. un reloj   b. una pulsera

2. a. un restaurante   b. un hombre

3. a. unos zapatos   b. unas medias

4. a. una cerveza   b. una clase

Actividad 6: El café de la esquina. Son las siete de la mañana y el camarero todavía tiene mucho sueño. No anota los pedidos y entonces trae las cosas a las mesas equivocadas *(wrong tables)*. Escucha las conversaciones con los clientes y escribe qué trajo el camarero y qué pidieron realmente estas personas.

Le(s) trae   **Pidió / Pidieron**

1. _____   _____

   _____   _____

2. _____   _____

                                     _____

Actividad 7: La cita con el dentista. Mirna trabaja en el consultorio de un dentista. Escucha las conversaciones entre ella y dos pacientes que llaman para hacer citas. Completa la agenda del dentista con la hora de la cita, el nombre de los pacientes y el problema de cada persona.

agosto 1995	Hora	Nombre	Problema
lunes 24			
martes 25			
miércoles 26			
jueves 27		Antonio	

Actividad 8: La peluquería. La Sra. López y la Sra. Díaz están en la peluquería hablando de sus hijos. Escucha la conversación y completa la información sobre sus hijos.

Hijo	Edad	Ocupación	Sueldo	Deportes
Alejandro López				nadar
Marcos Díaz		abogado y		

Conversación: De paseo por la ciudad de México (text p. 337)

Carta Hablada: En Yucatán (text p. 351)

Capítulo 15

MEJORANDO TU PRONUNCIACIÓN

Rhythm of sentences in Spanish

Rhythm in Spanish differs from rhythm in English. In English, the length of syllables can vary within a word. For example, in the word *information,* the third syllable is longer than the others. In Spanish, all syllables are of equal length, as in **información.** In Chapters 15 through 17, you will practice rhythm in sentences.

Actividad 1: El ritmo de las oraciones.   Primero escucha la siguiente conversación. Luego escucha y repite las oraciones prestando atención al ritmo.

CARLOS	¿Qué pasa? Dímelo.
SONIA	No, no puedo.
CARLOS	¿Qué tienes? Cuéntame.
SONIA	No, no quiero.
CARLOS	Vamos. Vamos. No seas así. ¿Es por Miguel?
SONIA	Me cae la mar de mal.

Actividad 2: El crucigrama. Escucha las pistas *(clues)* y completa el crucigrama con los animales de la lista presentada.

caballo	gato	pájaro	serpiente
elefante	león	perro	toro
gallina	mono	pez	vaca

Actividad 3: ¿Cuándo occurre? Vas a escuchar cuatro minisituaciones. Marca si la persona en cada caso habla del pasado o del futuro.

	Pasado	Futuro
1.	☐	☐
2.	☐	☐
3.	☐	☐
4.	☐	☐

Actividad 4: De regreso a casa. *(a)* Imagina que eres un/a soldado *(soldier)* y vas a regresar a tu casa después de un año de estar en la guerra. Para el cassette y escribe lo primero que vas a hacer cuando llegues a tu casa.

Voy a _____.

(b) Simón Colón y Alberto Donnes son dos soldados que van a regresar a su casa después de un año de estar en la guerra. Ahora están hablando de las cosas que van a hacer cuando lleguen a su casa. Escucha y marca quién va a hacer qué cosa.

Cuando llegue a su casa ...	Simón	Alberto
1. va a ver a su novia.	☐	☐
2. va a estar solo.	☐	☐
3. va a caminar.	☐	☐
4. va a comer su comida favorita.	☐	☐
5. va a estar con su familia.	☐	☐

Actividad 5: ¿Cómo es en realidad? *(a)* Éste es Rubén. ¿Cómo crees tú que sea él? Para el cassette y escribe tres adjetivos de la lista presentada que lo describan.

agresivo	cobarde	orgulloso
amable	honrado	perezoso
ambicioso	ignorante	sensible

1. _____   2. _____   3. _____

(b) Ahora vas a escuchar a Julia y a Sandro hablando de Rubén. Escucha la conversación y escribe los adjetivos que cada persona usa para describir a Rubén.

1. Julia dice que Rubén es _____, _____ y _____.

2. Sandro dice que Rubén es agresivo, _____, _____ y

_____.

Actividad 6: La fiesta de Alejandro. Cuando Alejandro celebró su cumpleaños el sábado pasado, tomaron una foto de la fiesta. Escucha las siguientes oraciones y marca si es cierto o falso que las cosas mencionadas habían ocurrido antes de que se tomara esta foto.

	Cierto	Falso
1.	☐	☐
2.	☐	☐
3.	☐	☐
4.	☐	☐
5.	☐	☐

Actividad 7: ¿De qué están hablando? Un padre y su hijo se divierten con un juego de palabras sobre el tema de la ecología. Escucha la conversación y cada vez que oigas el *(beep)*, numera la palabra a la que se refieren.

____ la destrucción

____ el petróleo

____ la extinción

____ los periódicos

____ la contaminación

____ reciclar

Actividad 8: El anuncio comercial.   La asociación Paz Verde está haciendo una campaña publicitaria *(ad campaign)* para proteger el medio ambiente. Escucha el anuncio y marca sólo las cosas que se mencionan.

1. _____ reciclar

2. _____ no tirar papeles en la calle

3. _____ no usar insecticidas

4. _____ no fumar

5. _____ no comprar productos en aerosol

6. _____ ahorrar *(save)* agua y electricidad

Conversación: Pasándolo muy bien en Guatemala (text p. 358)

Anuncio: Sí, mi capitán (text p. 372)

Capítulo 16

MEJORANDO TU PRONUNCIACIÓN

Actividad 1: El ritmo de las oraciones. Primero escucha el siguiente monólogo. Luego escucha y repite las oraciones prestando atención al ritmo.

Sin amigos no podría vivir.
Sin dinero sería feliz.
Sin inteligencia no podría pensar
en cómo hacer para triunfar.

MEJORANDO TU COMPRENSIÓN

Actividad 2: En la casa de fotos. Vas a escuchar una conversación entre un cliente y una vendedora en una casa de fotos. Marca sólo las cosas que el cliente compra.

1. ☐ álbum
2. ☐ cámara
3. ☐ flash
4. ☐ lente
5. ☐ pila
6. ☐ rollo de fotos de color
7. ☐ rollo de fotos blanco y negro
8. ☐ rollo de diapositivas

Actividad 3: La cámara Tannon. Escucha el anuncio de la cámara de fotos y marca las tres cosas que dice el anuncio que podrás hacer con esta cámara.

1. ☐ Podrás sacar fotos debajo del agua.
2. ☐ No necesitarás pilas para el flash.
3. ☐ No necesitarás rollo de fotos.
4. ☐ Podrás ver las fotos en tu televisor.
5. ☐ Podrás sacar fotos en color y en blanco y negro.

Actividad 4: Vivir en Caracas.   Juan Carlos está en Caracas hablando con Simón, un venezolano, sobre lo bueno y lo malo de vivir en esta ciudad. Escucha la conversación y escribe las ideas mencionadas bajo la columna correspondiente.

Lo bueno   Lo malo

_____   _____

_____   _____

_____   _____

Actividad 5: La candidata para presidenta.   *(a)* Cuando los candidatos para la presidencia le hablan al pueblo, siempre prometen *(promise)* cosas. Para el cassette y escribe tres promesas *(promises)* típicas de los candidatos.

1. _____

2. _____

3. _____

   _____

(b) Una candidata a presidenta está dando un discurso antes de las elecciones. Escucha y marca sólo las cosas que ella promete hacer.

1. ☐ Reduciré los impuestos.

2. ☐ El sistema educativo *(educational system)* será mejor.

3. ☐ Habrá hospitales gratis.

4. ☐ Habrá más empleos.

5. ☐ El sistema de transporte será mejor.

6. ☐ Aumentaré el sueldo mínimo.

7. ☐ Elegiré a mujeres para el gobierno.

Actividad 6: El año 2025.   *(a)* Para el cassette y escribe oraciones para describir tres cosas que crees que serán diferentes en el año 2025.

1. _____

2. _____

3. _____

(b) Ahora vas a escuchar a dos amigos, Armando y Victoria, haciendo dos predicciones cada uno para el año 2025. Marca quién hace cada predicción.

	Armando	Victoria
1. Los carros no usarán gasolina.	☐	☐
2. La comida vendrá en píldoras.	☐	☐
3. La ropa no se lavará.	☐	☐
4. No habrá más libros.	☐	☐
5. No existirán las llaves.	☐	☐
6. No habrá luz solar.	☐	☐

Actividad 7: Entrevista de trabajo.   Miguel ve el aviso presentado y llama por teléfono para obtener más información. Escucha la conversación y completa las notas que toma Miguel.

> ¿Quieres ganar $100 por semana trabajando en tu tiempo libre mientras estudias en la universidad? Entonces llama al 89-4657.

¿Qué tipo de trabajo?

¿Cuántas horas por día?

¿Puedo trabajar por las noches?   Sí/No

¿Dónde es el trabajo?

¿Necesito carro?   Sí/No

¿Cuál es el sueldo?

¿Necesito un curriculum?   Sí/No

Conversación: Ya nos vamos … (text p. 380)

Conversación: ¿A trabajar en la Patagonia? (text p. 394)

Capítulo 17

MEJORANDO TU PRONUNCIACIÓN

Actividad 1: El ritmo de las oraciones.   Primero escucha la siguiente conversación entre padre e hija. Luego escucha y repite la conversación, prestando atención al ritmo.

PADRE	Quería que vinieras.
HIJA	Disculpa. No pude.
PADRE	Te pedí que fueras.
HIJA	Lo siento. Me olvidé.
PADRE	Te prohibí que fumaras.
HIJA	Es que tenía muchas ganas.
PADRE	Te aconsejé que trabajaras.
HIJA	Basta, por favor. ¡Basta!

MEJORANDO TU COMPRENSIÓN

Actividad 2: No veo la hora.   Vas a escuchar cuatro situaciones. Para cada caso escoge qué es lo que la persona espera que pase lo antes posible. Pon la letra de la situación correspondiente.

1. _____
2. _____
3. _____
4. _____

a. No ve la hora de que terminen las clases.

b. No ve la hora de que llegue el verano.

c. No ve la hora de tener un hijo.

d. No ve la hora de que termine la película.

e. No ve la hora de que los invitados se vayan.

Actividad 3: Si fuera ...   Vas a escuchar cuatro frases que están incompletas. Escoge un final apropiado para cada frase.

1. _____
2. _____
3. _____
4. _____

a. haría una dieta.

b. trabajaría seis horas.

c. tendría una moto.

d. lo llamaría por teléfono ahora mismo.

e. me casaría con ella.

Actividad 4: ¿Recíproco o no?   Escucha las siguientes descripciones y marca el dibujo apropiado.

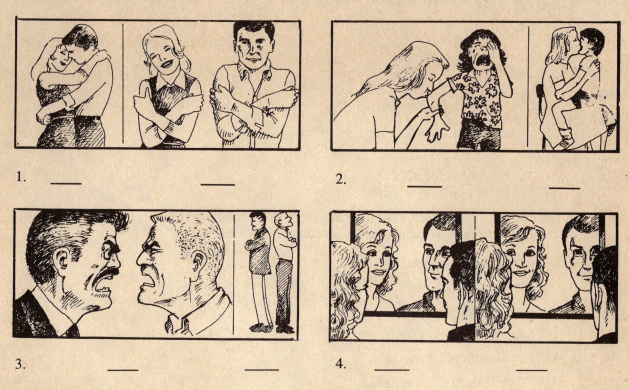

1. _____

2. _____

3. _____

4. _____

Actividad 5: Yo llevaría …   *(a)* Imagínate que tuvieras que ir a vivir en una cueva *(cave)* por seis meses. Para el cassette y escribe tres cosas que llevarías contigo.

1. _____

2. _____

3. _____

(b) Escucha ahora a Rolando y a Blanca hablando de lo que ellos llevarían si tuvieran que vivir en una cueva durante seis meses. Marca qué cosas llevaría cada uno.

	Rolando	Blanca
1. comida	☐	☐
2. televisor	☐	☐
3. libro	☐	☐
4. cuchillo	☐	☐
5. cama	☐	☐
6. radio	☐	☐

Actividad 6: Mi hija.   *(a)* Un padre está hablando de cómo quería él que fuera su hija. Escucha lo que dice y marca **C** si las frases presentadas son ciertas o **F** si son falsas.

Él quería que su hija ...

1. _____   fuera doctora.

2. _____   trabajara en una clínica privada.

3. _____   se casara joven.

4. _____   tuviera muchos hijos.

5. _____   tuviera un esposo que fuera un profesional.

6. _____   viajara y conociera varios países.

(b) Ahora escucha la conversación otra vez y escribe cuál expectativa *(expectation)* del padre se hizo realidad *(came true)*.

Actividad 7: *Guernica.*   *(a)* Mira el cuadro y para el cassette. Después, contesta las preguntas.

1. ¿Cuántas personas ves en el cuadro? _____

_____

2. ¿Qué animales ves en el cuadro? _____

_____

3. ¿Cuáles son los colores del cuadro? _____

4. ¿Es un cuadro violento? ¿pacífico? ¿romántico? ¿dramático? _____

_____

(b) Ahora imagina que estás en Madrid en el Centro de Arte Reina Sofía y escuchas una grabación *(recording)* que te explica la historia del cuadro. Escucha y marca las siguientes oraciones con **C** si son ciertas o con **F** si son falsas.

1. _____ Guernica es un pueblo de España.

2. _____ Franco era el dictador de España en 1937.

3. _____ Los aviones japoneses bombardearon *(bombed)* Guernica.

4. _____ Picasso pintó este cuadro antes del ataque a Guernica.

5. _____ La flor que tiene el hombre en el cuadro indica la esperanza.

6. _____ El cuadro estuvo en el Museo de Arte Moderno de Nueva York desde 1939 hasta 1981.

Conversación: El arte escondido (text p. 402)

Conversación: La pregunta inesperada (text p. 416)

Capítulo 18

MEJORANDO TU COMPRENSIÓN

Actividad 1: Dentro de poco. Vas a escuchar cuatro situaciones diferentes. Numera las oraciones para cada situación según lo que va a ocurrir dentro de poco.

Dentro de poco …

_____ va a casarse.

_____ va a tener un hijo.

_____ va a estudiar.

_____ va a ir de vacaciones.

_____ va a desayunar.

Actividad 2: Los anuncios comerciales. Vas a escuchar cinco anuncios comerciales. Escoge el final apropiado para cada anuncio. Pon el número del anuncio correspondiente.

_____ Vuele por AeroPerú.

_____ Alístate *(Enlist)* en el ejército.

_____ Compre pastas Súbito.

_____ Tome Delgacín para tener el cuerpo perfecto.

_____ Use crema Suavil.

_____ Beba té Tateti. ¡Y relájese!

Actividad 3: El SIDA. *(a)* Para el cassette y marca en el manual de laboratorio tres maneras *(ways)* de transmitir el SIDA *(AIDS)*.

El SIDA se transmite ...

1. ☐ por un beso.
2. ☐ por contacto sexual.
3. ☐ por beber del mismo vaso que una persona que tiene SIDA.
4. ☐ por compartir agujas para drogas.
5. ☐ de una mujer embarazada con SIDA a su hijo.
6. ☐ por usar el mismo baño que una persona con SIDA.
7. ☐ por una transfusión de sangre de una persona con SIDA.

(b) Ahora escucha el anuncio informativo sobre el SIDA y marca sólo las formas de transmisión que se mencionan.

El SIDA se transmite ...

1. ☐ por un beso.
2. ☐ por contacto sexual.
3. ☐ por beber del mismo vaso que una persona que tiene SIDA.
4. ☐ por compartir agujas para drogas.
5. ☐ de una mujer embarazada con SIDA a su hijo.
6. ☐ por usar el mismo baño que una persona con SIDA.
7. ☐ por una transfusión de sangre de una persona con SIDA.

Actividad 4: Nuestro futuro. *(a)* Para el cassette y escribe tres cosas que vas a hacer cuando termines tus estudios.

1. _____
2. _____
3. _____

(b) Ramón está hablando con Cecilia sobre lo que va a hacer cuando termine sus estudios universitarios. Escucha la conversación y completa la oración del manual de laboratorio.

Cuando Ramón termine sus estudios universitarios, él _____

_____

_____

_____

Conversación: La despedida (text p. 426)

Workbook
Answer Key

Workbook Answer Key

CAPÍTULO PRELIMINAR

Práctica mecánica

Actividad 1: *Llamarse.*   1. llama   2. llamo   3. llamas
4. llama   5. se llama   6. Me   7. te llamas   8. se llama

Actividad 2: *Ser.*   1. soy   2. es   3. eres   4. es   5. es
6. eres   7. es   8. soy

Actividad 3: *Estar.*   1. está   2. estás   3. está   4. está

Actividad 4: ¿Cómo se escribe?   1. Ce-a-ere-a-ce-a-ese
2. Te-e-ge-u-ce-i-ge-a-ele-pe-a   3. Ese-a-ene jota-u-a-ene
4. Cu-u-i-te-o   5. Ese-a-ene-te-i-a-ge-o   6. Ele-a
hache-a-be-a-ene-a   7. Eme-a-ene-a-ge-u-a
8. Eme-o-ene-te-e-uve-i-de-e-o

Actividad 5: Los acentos.   1. —   2. fácil   3. —   4. —
5. Ramón   6. México   7. ridículo   8. —   9. —   10.
fantástico   11. —   12. invitación

Actividad 6: Puntuación.   *M:* ¿Cómo te llamas?   *R:* Me
llamo Ricardo. ¿Y tú?   *M:* Me llamo Manolo.   *R:* ¿De
dónde eres?   *M:* Soy de La Paz.

Práctica comunicativa

Actividad 7: ¿Cómo te llamas?   *Some answers may vary
slightly. For example: Á:* llamas   *T:* llamo Teresa; tú
Á: Me llamo/Soy Álvaro.   *T:* dónde   *Á:* (Yo) soy de; tú
T: (Yo) soy de

Actividad 8: ¿Cómo se llama Ud.?   *Some answers may
vary slightly. For example:* (1) Buenas tardes.   (2) Me
llamo Roberto García. ¿De dónde es Ud.?   (3) Soy de
Barcelona, España.

Actividad 9: Buenos días.   *P:* Buenos días.   *Sr. T:* ¿Cómo
te llamas?   *P:* Me llamo   *Sr. T:* eres   *P:* (Yo) soy de
Buenos Aires.   *P:* ¿Cómo se llama Ud.?

Actividad 10: La capital es ...   1. La capital de Panamá es
Panamá.   2. La capital de Honduras es Tegucigalpa.   3. La
capital de Colombia es Bogotá.   4. La capital de Puerto
Rico es San Juan.   5. La capital de Chile es Santiago.

Actividad 11: Países.   *Order of answers may vary. For
example:* Canadá, Inglaterra, España, Uruguay, Puerto Rico,
Colombia, Costa Rica, Perú, Venezuela, Estados Unidos

Actividad 12: ¡Hola!   *(a) Answers will vary. For example:*
C: Hola, Mariel. ¿Cómo estás?   *M:* ¿y tú?   *C:* Chau.
(b) Answers will vary. For example: Sr. M: Buenos días.
Sr. C: Buenos días, Sr. Martín. ¿Cómo está Ud.?   *Sr.*
M: Muy bien. ¿Y Ud.?   *Sr. C:* Regular.   *Sr. M:* Hasta
luego.   *Sr. C:* Adiós.

CAPÍTULO 1

Práctica mecánica I

Actividad 1: Los números.   a. veinticinco/veinte y cinco
b. quince   c. setenta y tres   d. catorce   e. sesenta y ocho
f. cuarenta y seis   g. diecisiete/diez y siete   h. cincuenta y
cuatro   i. treinta y nueve   j. noventa y uno

Actividad 2: Verbos.   1. se llama   2. tienes   3. soy
4. tiene   5. se llama   6. tienes   7. es   8. eres   9. tiene;
tiene   10. es

Práctica comunicativa I

Actividad 3: En orden lógico.   (1) 7   (2) 9   (3) 4
(4) 2   (5) 6   (6) 3   (7) 8   (8) 1   (9) 10   (10) 5

Actividad 4: ¿Quién es?   *Answers will vary. For example:*
Ella se llama Claudia Dávila Arenas. Tiene veintiún años y
es de Bogotá, Colombia. Su número de pasaporte es 57968.
Él se llama Vicente Mendoza Durán. Tiene veintiséis años y
es de San José, Costa Rica. Su número de pasaporte es
83954.

Actividad 5: La suscripción.   *Answers will vary. For
example: Nombre:* Betty Smith   *Dirección:* 74 Oak St.,
Apt. 6   *Ciudad:* Glens Falls   *Estado:* N.Y.   *Z. Postal:*
12801   ☒ *VISA   Tarjeta No.* 4297-650-183012   *Firma
autorizada:* (signature)

Actividad 6: ¿Cuál es tu número de teléfono?   1. cuatro,
setenta y tres, cuarenta y siete, noventa y ocho   2. tres,
sesenta y cinco, cero tres, cincuenta y dos   3. ocho,
veinticinco/veinte y cinco, treinta y dos, catorce

Práctica mecánica II

Actividad 7: Las ocupaciones.   1. ingeniera   2. doctor
3. actor   4. abogado   5. secretario   6. artista   7. profesor
8. directora   9. camarera   10. vendedor

Actividad 8: Verbos.   1. son   2. tienen   3. somos
4. tiene; es   5. tenemos   6. son   7. se llama; tiene; es   8. son

Actividad 9: Preguntas y respuestas.   *Answers will vary.
For example:* 1. Sí, soy de Chile. No, no soy de Chile./No,
soy de Nicaragua.   2. Sí, soy de Colombia. No, no soy de
Colombia./No, soy de Perú.   3. Sí, se llama Piedad. No, no
se llama Piedad./No, se llama Carmen.   4. Sí, son de
España. No, no son de España./No, son de Puerto Rico.
5. Sí, tenemos veintiún/veinte y un años. No, no tenemos
veintiún/veinte y un años./No, tenemos veintiséis/veinte y
seis años.

Actividad 10: Las preguntas.   *Answers may vary slightly.
For example:* 1. ¿Es Ramón?   2. ¿De dónde son ellos?

3. ¿Cuántos años tienen Uds.? 4. (Tú) te llamas Ramón, ¿no? 5. ¿Cómo se llaman ellos? 6. ¿Qué hace él? 7. Ella es doctora, ¿no? 8. Él es abogado, ¿no?

Práctica comunicativa II

Actividad 11: ¿Recuerdas? *Answers may vary slightly. For example:* 1. Isabel es de Chile y Juan Carlos es de Perú. 2. No, Álvaro es de España./No, Álvaro no es de Perú. 3. Isabel tiene veinticuatro/veinte y cuatro años. 4. El padre de Claudia es médico y es de Colombia. 5. Juan Carlos es el Sr. Moreno. 6. No, Teresa es de Puerto Rico./No, Teresa no es de Colombia. 7. Diana es de los Estados Unidos. 8. El padre de Vicente es economista y su madre es abogada. 9. Los padres de Vicente son de Costa Rica. Ella tiene cuarenta y nueve años, y él tiene cincuenta y siete años.

Actividad 12: La respuesta correcta. c; b; a; a

Actividad 13: En el aeropuerto. 1. Soy 2. son; Somos de Panamá; soy 3. llaman 4. ¿Cuántos años tienen Uds.? ¿Cuántos años tienen Uds.?

Actividad 14: Un párrafo. *Answers will vary. Remember that verbs agree with their subjects and that names of occupations may have different endings for a man or a woman.*

Actividad 15: La tarjeta. 1. Es el Sr. Hincapié. 2. Humberto es ingeniero industrial. 3. Es de Colombia. 4. Sus números de teléfono son el 828-107 y el 828-147.

Actividad 16: Jorge Fernández Ramiro. *Answers may vary slightly. For example:* A: ¿Cómo se llama Ud.? J: Jorge Fernández Ramiro A: ¿Cómo se llama su padre? A: ¿Y cómo se llama su madre? A: ¿Cuántos años tienen sus padres? A: ¿Y cuántos años tiene Ud.? A: ¿Tiene Ud. novia?/A: ¿Cómo se llama su novia? A: ¿Qué hacen Uds.?/¿Qué hacen Ud. y su novia? A: ¿Y qué hacen sus padres? A: ¿De dónde son Uds.?

Actividad 17: ¿Quién es quién? (1) Alejandro; Fernández; González; 19; Bolivia (2) Miguel; Rodríguez; Martínez; 22; Colombia (3) Ana; Kraus; Sánchez; 24; Chile (4) Ramón; Pascual; Martini; 21; Argentina

Actividad 18: No. 78594. Colegio, Hispanoamericano, No admisión, estudiantes, febrero, nacionalidad, colombiana, civil, número, pasaporte, domicilio, teléfono, julio, permanencia, junio

Actividad 19: La ficha. *Nombre:* Claudia *Apellidos:* Dávila Arenas *Edad: (Figure her age based on the present year and the fact that she was born on Feb. 15, 1973.) País de origen:* Colombia *Número de pasaporte:* AC674283 *Dirección:* Calle 8 No. 15–25 Apto 203 *Ciudad:* Cali *País:* Colombia *Prefijo:* 23 *Teléfono:* 677552

CAPÍTULO 2

Práctica mecánica I

Actividad 1: *El, la, los o las.* 1. la 2. las 3. el 4. los 5. las 6. los 7. el 8. las 9. la 10. el 11. el 12. las 13. el 14. las 15. los

Actividad 2: Plural, por favor. 1. las ciudades 2. las naciones 3. unos estudiantes 4. unas grabadoras 5. unos relojes 6. los papeles 7. los artistas 8. los lápices

Actividad 3: La posesión. 1. El lápiz es de Manuel. 2. Los papeles son del director. 3. El estéreo es de mi madre. 4. El libro es de la profesora. 5. La computadora es del ingeniero.

Actividad 4: Los gustos. 1. me gustan 2. a Ud.; gusta 3. le gustan 4. mí; gustan 5. ti; gusta 6. le gusta

Práctica comunicativa I

Actividad 5: La palabra no relacionada. 1. silla 2. disco 3. lápiz 4. cinta 5. cepillo

Actividad 6: Las asignaturas. *(a)* 1. b 2. i 3. f 4. c 5. j 6. d 7. e 8. a 9. h 10. g. *(b) Answers will vary. For example:* 1. Tengo arte e inglés. 2. Me gusta la química. 3. No me gusta la sociología. 4. Me gusta más el arte.

Actividad 7: ¿De quién es? *Answers may vary slightly. For example:* 1. La guitarra es de Pablo y Mario. 2. La silla y la cama son de Ricardo. 3. La planta y el teléfono son de Manuel.

Actividad 8: Los gustos. *Answers will vary. For example:* 1. A mí me gusta la música clásica. 2. A ella no le gustan los exámenes. 3. A vosotros os gustan las computadoras. 4. A ti no te gusta el jazz. 5. A él le gusta el café de Colombia.

Práctica mecánica II

Actividad 9: Los días de la semana. *Some answers may vary slightly. For example.* 1. miércoles 2. sábado 3. sábados; domingos 4. martes 5. martes y jueves

Actividad 10: Verbos. 1. van; esquiar 2. me gusta; nadar 3. tenemos; estudiar 4. vas; hacer 5. voy; escribir 6. tiene; trabajar

Actividad 11: Preguntas y respuestas. *Answers may vary slightly. For example:* 1. Mañana voy a leer una novela. 2. Él tiene que trabajar. 3. Sí, nos gusta nadar. 4. Sí, tengo que escribir una composición. 5. Los estudiantes tienen que estudiar mucho. 6. No, mis amigos no van a tener una fiesta el sábado./No, mis amigos van a tener una fiesta el viernes.

Actividad 12: Asociaciones. 1. escuchar 2. leer 3. mirar, escuchar 4. escribir, leer 5. leer 6. leer 7. escuchar 8. escuchar 9. escuchar 10. hablar, escuchar

Práctica comunicativa II

Actividad 13: Tus gustos. *Answers will vary. For example: (a)* 1. A mí (no) me gustan … a mis padres (no) les gusta … 2. A mí (no) me gusta … a mis padres (no) les gusta … 3. A mí (no) me gusta … A mis padres (no) les gusta … 4. A mí (no) me gusta … A mis padres (no) les gusta … 5. A mí (no) me gustan … A mis padres (no) les gusta … 6. A mí (no) me gusta … A mis padres (no) les gusta … *(b)* 1. (No) nos gustan los videos de MTV. etc.

Actividad 14: Planes y gustos. *Answers will vary. For example:* (1) leer (2) muchos libros (3) bailar (4) estudiar (5) ir a una fiesta

Actividad 15: Yo tengo discos. *Answers may vary slightly. For example: M:* tiene *I:* tengo; de *T:* tenemos *V:* Tenemos; las *T:* tienes; tenemos *M:* llevar *M:* tengo

Actividad 16: Gustos y obligaciones. *Answers will vary. For example:* 1. Tengo que estudiar. 2. Van a ir a la casa de Manolo. 3. Nos gusta ir al parque para correr. 4. Vamos a estudiar para el examen de español.

Actividad 17: Hoy y mañana. *Answers will vary. (a)* Use **voy a** + *infinitive. (b)* Use **tengo que** + *infinitive.*

Actividad 18: ¿Obligaciones o planes? 1. O 2. P 3. O 4. P 5. P 6. O

Actividad 19: La agenda de Álvaro. *Answers may vary slightly. For example:* 1. El sábado Álvaro va a ir a una fiesta. 2. El lunes tiene que estudiar cálculo. 3. El miércoles va a salir a comer con Diana y Marisel. 4. Tiene que llevar cintas y una grabadora a la fiesta. 5. Va a nadar el miércoles y el sábado.

Actividad 20: Tus planes. *Answers will vary. To check your datebook, compare it with Álvaro's datebook in* Actividad 19 *for examples. When writing your paragraph remember to use* **ir a** + infinitive *for things that you are going to do and* **tener que** + infinitive *for things that you have to do.*

Actividad 21: La televisión. *Alf; McGyver; Buscando desesperadamente a Susan*

Actividad 22: Los gustos hispanos. 1. Veinte. 2. Sí. 3. Sí. 4. Nueva York, Miami, Los Ángeles y Chicago. 5. Tres: Telemundo, Univisión, Galavisión. 6. "Couch potato."

CAPÍTULO 3

Práctica mecánica I

Actividad 1: Nacionalidades. 1. María es boliviana. 2. Hans es alemán. 3. Peter es inglés. 4. Gonzalo es argentino. 5. Jesús es mexicano. 6. Ana y Carmen son guatemaltecas. 7. Irene es francesa. 8. Nosotros somos ecuatorianos. 9. Frank es canadiense. 10. Somos norteamericanos/estadounidenses.

Actividad 2: *Al* o *a la*. 1. al 2. a la 3. al 4. a la 5. a la

Actividad 3: Verbos. 1. habla 2. bailan 3. comes 4. leemos 5. escuchar 6. Venden 7. bebo 8. regresamos 9. comprar 10. escribimos 11. toca 12. corres 13. viven 14. trabaja 15. salgo 16. están 17. miramos 18. esquían 19. aprende 20. miran

Actividad 4: Más verbos. 1. Conozco a los señores García. 2. Traduzco cartas al francés. 3. Yo salgo temprano. 4. Traigo la Coca-Cola. 5. Veo bien. 6. Sé las respuestas. 7. ¿Qué hago? 8. Pongo los papeles en el escritorio.

Práctica comunicativa I

Actividad 5: ¿De dónde son? 1. Teresa es puertorriqueña. 2. Vicente es costarricense. 3. Claudia es colombiana. 4. Marisel es venezolana.

Actividad 6: Los lugares. *Answers are given with accents, but accents are omitted from crossword puzzles. Horizontales:* 2. biblioteca 4. Agencia 7. Parque 8. piscina 10. tienda 11. escuela *Verticales:* 1. librería 3. teatro 5. iglesia 6. mercado 7. playa 9. cine

Actividad 7: ¿Dónde están? *S:* está *P:* está *S:* están en *S:* está en *P:* Dónde están *P:* Están en; estoy; estás *P:* Estoy en

Actividad 8: Una nota. (1) tenemos (2) regresamos (3) miran (4) van (5) comen (6) beben (7) estudian (8) tener (9) está (10) nada (11) sales (12) estudias (13) usas

Actividad 9: Dos conversaciones. 1. *R:* veo *P:* sé *R:* conozco *P:* traduce *R:* conoce 2. *A:* traigo *G:* traes *A:* hacer *G:* hago; Tengo *G:* pongo

Actividad 10: Los problemas. (1) soy (2) tengo (3) escuchamos (4) bailamos (5) toco (6) canta (7) estudiamos (8) gusta (9) leer (10) estamos (11) tengo (12) es (13) estoy (14) soy (15) conozco (16) tienes

Actividad 11: La rutina diaria. *Answers will vary. For example:* 1. Voy con Roberto 2. Sí, nado con Elena y Marta en la piscina de la universidad. 3. Sí, corro con mis amigos. Corremos en un parque. 4. En las fiestas bebemos sangría. 5. Viajo poco. No, no viajo con mi familia. 6. Viajamos a Puerto Rico. 7. Escribo muchas cartas.

Práctica mecánica II

Actividad 12: Opuestos. 1. feo 2. bajo 3. malo 4. inteligente 5. viejo 6. rubio 7. antipático 8. mayor 9. gordo 10. interesante

Actividad 13: El plural. 1. son guapos 2. somos inteligentes 3. son simpáticas 4. son delgados

Actividad 14: ¿Cómo son? 1. simpáticos 2. guapa 3. Mis; aburridas 4. Sus; altos 5. Nuestras; interesantes 6. borrachos 7. clásica 8. listos 9. Su; bueno 10. mis

Actividad 15: ¿*Ser* o *estar*? 1. están 2. son 3. estoy; es 4. Estás 5. estamos 6. es 7. es 8. eres 9. está 10. estamos

Actividad 16: En orden lógico. 1. Pablo y Pedro son altos. 2. Los profesores son inteligentes. 3. Tengo un disco compacto de REM. 4. Tenemos muchos amigos simpáticos. 5. Su madre tiene tres farmacias.

Práctica comunicativa II

Actividad 17: Una descripción. *Answers will vary. Check adjective agreement; for example:* Ella es delgada. Él es gordo.

Actividad 18: ¿Cómo están? 1. Está cansada. 2. Está aburrido. 3. Están enamorados. 4. Está triste. 5. Están enojados.

Actividad 19: La familia típica. *Answers will vary. For example:* La madre es gorda y tiene pelo corto y rubio. Ella está enojada.

Actividad 20: Eres profesor/a. (1) regreso —> regresamos (2) nuestro —> nuestras (3) viven —> vive (4) (Su novia) es —> está (5) guapo —> guapa (6) simpático —> simpática (7) sus —> su (8) le —> les (9) baila —> bailan

Actividad 21: Hoy estoy … Answers will vary. For example: 1. regresar a casa; cansado/a 2. al cine; aburrido/a 3. ir al banco; dinero 4. bailar; contento/a

Actividad 22: El cantante famoso. *Answers will vary. Check that adjectives agree with the nouns they modify and that verbs agree with their subjects. When discussing future plans, use* **ir a** *+ infinitive to discuss future actions.*

Actividad 23: Ideas principales. a. 2 b. 4 c. 1 d. 3

Actividad 24: ¿Quién es el sujeto? 1. b 2. a 3. b 4. c 5. a

Actividad 25: Contexto. 1. c 2. a *(a noun is needed)* 3. c

Actividad 26: Preguntas. 1. Trabaja en un banco; es cajero. 2. La mayoría de las personas son de origen europeo. 3. El 60% son mestizas. 4. (Tomás) Practica béisbol. 5. (Carolina) Va a comprar una computadora.

CAPÍTULO 4

Práctica mecánica I

Actividad 1: Las partes del cuerpo. 1. la cabeza 2. el ojo 3. la nariz 4. la boca 5. la cara 6. el dedo 7. el estómago 8. la rodilla 9. la pierna 10. el pie 11. la mano 12. el brazo 13. el codo 14. la espalda 15. la oreja/el oído 16. el hombro 17. el pelo

Actividad 2: ¿Qué están haciendo? 1. está cantando 2. está lavándose/se está lavando 3. están bailando 4. estoy escribiendo 5. está esquiando

Actividad 3: Los verbos reflexivos. 1. me levanto 2. se afeita 3. se lavan 4. nos levantamos; desayunamos 5. Te duchas; te bañas 6. me cepillo 7. se pone 8. se maquillan

Actividad 4: Posicion de los reflexivos. 1. Me voy a lavar el pelo. 2. Estamos maquillándonos. 3. Juan se está afeitando. 4. Nos tenemos que levantar temprano.

Actividad 5: *A, al, a la, a los, a las.* 1. a la 2. al 3. A 4. a 5. — 6. — 7. a los 8. — 9. al 10. al

Práctica comunicativa I

Actividad 6: ¡Qué tonto! *Answers may vary slightly. For example:* 1. El señor se afeita la barba/la cara. 2. La señora se maquilla la cara/los ojos. 3. Me levanto, me ducho y me pongo la ropa. 4. Después de levantarme, desayuno Cheerios. 5. Antes de salir de la casa, me cepillo los dientes y me maquillo la cara/los ojos.

Actividad 7: Una carta. *Answers will vary. For example:* (1) (name of university) (2) (year) (3) estoy bien (4) (infinitive or singular object) (5) (another action) (6) (adjectives) (7) (infinitive or singular object) (8) (reflexive verbs to describe activities) (9) (actions) (10) (signature)

Actividad 8: También tiene interés Claudia. (1) a (2) a (3) a (4) a (5) a (6) a las (7) — (8) a las (9) — (10) a (11) a (12) a (13) a (14) al

Actividad 9: El detective. 1. Está maquillándose./Se está maquillando. 2. Está cepillándose el pelo./Se está cepillando el pelo. 3. Está saliendo de su apartamento. 4. Está caminando por el parque. 5. Está comprando una grabadora. 6. Está hablando en la grabadora. 7. Está vendiendo el cassette.

Actividad 10: Una familia extraña. (1) se levantan (2) se ducha (3) lee (4) se cepilla (5) se maquilla (6) se ducha (7) se afeita (8) se cepilla (9) se peina (10) desayunan (11) se cepillan (12) salen (13) me levanto (14) desayuno (15) Me cepillo (16) miro

Práctica mecánica II

Actividad 11: Las fechas. a. el cuatro de marzo; primavera; otoño b. el quince de diciembre; invierno; verano c. el treinta de agosto; verano; invierno d. el veinticinco/veinte y cinco de octubre; otoño; primavera e. el primero de febrero; invierno; verano

Actividad 12: El tiempo. 1. Llueve. 2. Hace sol. 3. Hace calor. 4. Hace viento. 5. Nieva. 6. Hace frío. 7. Hace fresco./Hace buen tiempo. 8. Está nublado.

Actividad 13: ¿*Saber* o *conocer*? 1. Conoces 2. sé 3. Saben 4. conocen 5. Sabe 6. Saben 7. conozco 8. sabe

Actividad 14: ¿*Éste, ése* o *aquél*? 1. Esas 2. estos 3. aquel 4. Ésta; aquélla

Práctica comunicativa II

Actividad 15: Fechas importantes. *Answers will vary. For example:* 1. madre: el once de agosto 2. padre: el veintiuno de enero 3. Pedro: el primero de julio 4. Betty: el tres de octubre 5. Bob: el diecinueve de agosto 6. mis padres: el once de abril 7. español: el diecinueve de mayo 8. historia: el diecisiete de mayo 9. biología: el quince de mayo 10. matemáticas: el quince de mayo 11. último día del semestre: el veintidós de mayo   12. primer día de las vacaciones: el dos de junio.

Actividad 16: Asociaciones. *Answers will vary. For example:* 1. verano, hacer calor   2. hacer fresco, marzo   3. hacer calor, hacer buen tiempo, nadar   4. invierno, hacer frío, exámenes   5. enero, nieva   6. primavera, abril   7. otoño, llueve

Actividad 17: Lógica.   1. agosto   2. hacer calor   3. pasta de dientes   4. aquel libro   5. otoño, invierno   6. diciembre   7. la mano

Actividad 18: ¿Qué tiempo hace? *Answers will vary. For example: Amigo:* hace fresco y hace viento aquí   *Amigo:* Sí, llueve también. ¿Qué tiempo hace allí?   *Tú:* Hace muy buen tiempo.   *Tú:* Está a treinta y cinco grados.

Actividad 19: El fin de semana. *Answers will vary. For example:* Voy a ir a Málaga porque hace sol y me gusta ir a la playa.

Actividad 20: Una conversación. *M:* c   *L:* a   *M:* b   *L:* a   *M:* c

Actividad 21: Muchas preguntas pero poco dinero. *Answers will vary. For example:* 1. Sabes; Sí, el número de teléfono es 497-27-85.   2. Conoces; Sí, conozco a Robert Redford.   3. Sabes; Toco el piano muy, muy mal.   4. Conoces; Sí, mi amigo Pepe es un fotógrafo bueno.   5. Conocen; No, ellos no compran nuestros productos.

Actividad 22: *Éste, ése y* **aquél.**   *Answers will vary.* **Éste** *refers to someone in the foreground;* **ése/a** *to someone farther away;* **aquélla** *to someone in the background. Make sure adjectives agree with the noun they modify.*

Actividad 23: ¿Qué sabes de Perú?   1. en Suramérica   2. Lima   3. Chile, Bolivia, Brasil, Colombia y Ecuador   4. una ruina de los incas   5. indígenas de Perú

Actividad 24: Lee y adivina.   1. *Answers will vary.* 2. Machu Picchu   3. a. history of Machu Picchu; b. architecture of Machu Picchu; c. a description of the imperial city of Cuzco; d. transportation to Machu Picchu; e. lodging

Actividad 25: Cierto o falso.   1. F; una ciudad sagrada   2. F; en una montaña   3. C   4. F; no tienen cemento   5. C   6. F; muchos hablan quechua   7. C   8. F; pocos

CAPÍTULO 5

Práctica mecánica I

Actividad 1: ¿Qué hora es? a. Son las nueve y cuarto. b. Son las doce y cinco. c. Es la una y veinticinco/veinte y cinco. d. Son las seis menos veinte. e. Es la una menos cuarto. f. Son las siete y media.

Actividad 2: En singular.   1. Puedo ir a la fiesta.   2. Duermo ocho horas cada noche.   3. No sirvo vino. 4. Me divierto mucho.   5. Me acuesto temprano.   6. Juego al fútbol.

Actividad 3: Verbos.   1. puede   2. cierran   3. preferimos 4. se viste   5. entiendo   6. empieza   7. piensa   8. sirviendo 9. volvemos   10. quieren   11. Vienen   12. divirtiéndose   13. digo   14. comienza   15. quieren

Actividad 4: *Se pasivo.*   1. Se venden   2. se compran 3. se escucha   4. Se sirven   5. Se cierra   6. Se dice

Práctica comunicativa I

Actividad 5: ¿A qué hora?   *Some of the answers will vary. For example:* 1. Empieza a las nueve.   2. Sí, me gustaría ver *Remington Steele.*   3. Tengo clase.   4. Empieza a las once y cinco.   5. *El mirador* termina a las nueve y veinte.   6. *Juzgado de guardia* viene después de *El precio justo.*   7. Me gusta mucho ese programa.   8. Mis amigos y yo preferimos ver *El precio justo.*

Actividad 6: ¿Tiene calor, frío o qué?   1. tiene miedo 2. Tengo frío.   3. Tenemos sueño.   4. Tengo vergüenza. 5. tiene sed   6. tenemos hambre.   7. tienen calor

Actividad 7: Una carta a Chile.   *Some answers will vary. For example:* (1) es   (2) está   (3) entiende   (4) es   (5) me divierto   (6) salgo   (7) queremos   (8) estar   (9) es   (10) Se viste   (11) encuentro   (12) Sé   (13) se prueba (14) conocer   (15) Viven   (16) quieres   (17) puedes (18) pensar

Actividad 8: Dos conversaciones.   1. (1) queremos   (2) empieza   (3) sé   (4) miras   (5) Quieren   (6) vuelve   (7) quieres   (8) cuesta   (9) me divierto   2. (1) se acuesta (2) se despierta   (3) Me despierto   (4) se duerme (5) duermo   (6) entiendo   (7) dormimos

Actividad 9: El detective.   *Answers may vary slightly. For example:* 1. Son las ocho y diez. La mujer está despertándose./Se está despertando.   2. Son las nueve menos diez. La mujer está vistiéndose./Se está vistiendo. 3. Es la una y cuarto. La mujer está preparando el almuerzo.   4. Es la una y media. El hombre está entrando. 5. Son las dos. La mujer está sirviendo el almuerzo.   6. Son las tres y media. El hombre está saliendo del apartamento.   7. Son las cuatro menos cuarto. La mujer está durmiendo.

Actividad 10: Un día normal.   *Answers will vary. Remember that when using the passive or impersonal* se, *it is a safe bet to use a plural verb before a plural noun.*

Práctica mecánica II

Actividad 11: La ropa.   1. el suéter   2. la blusa   3. la falda   4. el sombrero   5. la camisa   6. la corbata   7. el saco   8. el abrigo   9. los pantalones   10. los zapatos

Actividad 12: En orden lógico.   1. Ella tiene mi suéter azul de lana.   2. Yo voy a comprar camisas de algodón para el verano.   3. Me gustan tus pantalones rojos.

Actividad 13: *Por* o *para.*   1. para   2. para   3. por 4. para   5. por   6. por   7. para   8. para

Actividad 14: *Ser* o *estar.*   1. es   2. están   3. son   4. están   5. es   6. están   7. es   8. está   9. es   10. Son

Práctica comunicativa II

Actividad 15: La importación. *Answers will vary. For example:* 1. Mi camisa es de China. 2. Es de seda. 3. Sí, son de los Estados Unidos. 4. Mis zapatos son de España. 5. Sí, son de cuero.

Actividad 16: Descripción. *Answers will vary somewhat. For example:* El hombre lleva traje con (una) corbata roja con rayas blancas. Es de seda.

Actividad 17: Tu ropa. *Answers will vary. Make sure adjectives and articles agree with the nouns they modify. Most descriptive adjectives follow the nouns they modify.*

Actividad 18: ¿Dónde están? *Some answers may vary. For example:* 1. empieza; Están en el cine. 2. cuesta; Están en un hotel. 3. Son; come Ud.; Están en un restaurante. 4. Quiero; durmiendo; Están en casa.

Actividad 19: Los viajes. *Answers will vary. For example:* 1. La princesa Diana es de Inglaterra. Está en Canadá. 2. Brad Pitt es de los Estados Unidos. Está en Francia. 3. Mis padres son de Cleveland. Están en Chicago. 4. Julio Iglesias es de España. Está en los Estados Unidos.

Actividad 20: ¡A comprar! *Some answers will vary. For example:* V: puedo V: Para C: Para; es de; para V: bien C: Azul; rojo; amarillo C: seda V: pero; son de C: prefiero V: ¿Sabe Ud. su talla? V: elegantes V: cuestan C: amarilla C: para C: seda V: una corbata; es V: pagar V: bien; por

Actividad 21: Predicción. *Answers will vary.*

Actividad 22: El anuncio. 1. a 2. Los niños pierden cosas. 3. La solución es marcar la ropa con la cintas bordadas de IMAK.

CAPÍTULO 6

Práctica mecánica I

Actividad 1: Los números. 1. quinientos sesenta y cuatro 2. mil quince 3. dos mil novecientos setenta y tres 4. cuatro millones setecientos cuarenta y tres mil diez

Actividad 2: ¿Dónde están? 1. cierto 2. falso; entre 3. falso; lejos de 4. cierto 5. falso; a la derecha de 6. cierto 7. cierto 8. falso; a la izquierda de 9. cierto 10. cierto

Actividad 3: El pasado. 1. hablé 2. bebimos 3. fue 4. hizo 5. corrieron 6. fui 7. busqué; comí 8. bailaste 9. Recibió 10. escribiste 11. pagué 12. hicieron 13. lloró 14. empecé 15. terminó

Actividad 4: ¿Qué hiciste? *Answers will vary. For example:* 1. Fuimos a la casa de mi tío. 2. No, ella no recibió tu carta. 3. Volvimos a las once y media. 4. Sí, visité a mis padres por dos semanas el verano pasado. 5. No, no pagué. 6. Sí, tomé el autobús esta mañana. 7. No, Felipe compró Coca-Cola. 8. Sí, aprendimos mucho en clase. 9. Sí, ellos escribieron la carta. 10. Roberto llamó.

Actividad 5: ¿Infinitivo o no? 1. cantamos; bailamos 2. asistió a 3. empezar a 4. comer 5. estudio 6. estudiar 7. esquiar 8. fui; nadé

Práctica comunicativa I

Actividad 6: ¿Dónde está? *Answers will vary. For example:* 1. La toalla está debajo del cepillo. 2. La lámpara está al lado de la cama. 3. La guitarra está encima del escritorio.

Actividad 7: ¿Qué ocurrió? *Answers will vary. For example:* (1) Sí, ella salió con nosotros. (2) Marisel, Andrés, Paco y Elena fueron. (3) Fuimos al restaurante Los Pinos y después bailamos en una discoteca. (4) Sí, habló mucho con él. (5) Bailó con él toda la noche. (6) Yo hablé con Andrés un poco.

Actividad 8: Un día horrible. *Answers may vary slightly. For example:* (1) fue (2) hicieron (3) Fuimos (4) comimos (5) dejé (6) dejó (7) volvimos (8) encontré (9) Volvimos (10) encontramos (11) hicieron (12) llegó (13) recibió (14) saqué (15) pagué

Actividad 9: Una carta. *Answers will vary. The first three paragraphs will need the preterit tense to narrate past occurrences. The last paragraph will need ir a + infinitive or tener que + infinitive to discuss future plans or obligations. Make sure verbs agree with their subjects.*

Actividad 10: La telenovela. *Answers will vary. For example:* (1) con (2) tú (3) yo (4) dejó (5) empezó (6) sin (7) ti (8) recibir (9) habló con Javier por teléfono (10) no dijo nada (11) la casa de Javier (12) abrió (13) otra mujer (14) hacia

Práctica mecánica II

Actividad 11: La familia. 1. tía 2. abuelo 3. hermanos 4. prima 5. madre 6. tía (política) 7. tío 8. sobrinos 9. nietos 10. prima

Actividad 12: Complementos indirectos. 1. Le 2. me 3. te 4. les 5. Nos

Actividad 13: Preguntas y respuestas. *Answers will vary. For example:* 1. No, mi padre no me dio dinero. 2. Sí, le ofrecieron el trabajo. 3. Sí, ellos me dieron el dinero. 4. No, no te voy a escribir. 5. No, no nos explicaron nada. 6. Sí, te estoy hablando.

Actividad 14: Negativos. 1. No estudio nunca./Nunca estudio. 2. No hago nada. 3. Él no sale con nadie. 4. No voy al parque nunca./Nunca voy al parque. 5. No compró nada.

Actividad 15: La negación. 1. No, no esquío nunca./No, nunca esquío. 2. No, no bailé con nadie anoche. 3. No fue nadie a la fiesta./Nadie fue a la fiesta. 4. No le regalé nada. 5. No, no uso el metro nunca./No, nunca uso el metro. 6. No, no tengo nada.

Práctica comunicativa II

Actividad 16: El transporte. (1) aviones (2) taxi (3) autobuses (4) barcos (5) tren (6) metro (7) autobuses (8) taxis (9) metro (10) coche/carro/auto

Actividad 17: Mi familia. *(a), (b) Answers will vary. Present tense will be needed to describe what the person is like, what he/she does, and what his/her likes and dislikes are. The preterit is needed to tell what they have done in the past.*

Actividad 18: ¿Hiciste todo? *Answers will vary. For example:* (1) Sí, le mandé la carta a tu tía esta mañana. (2) Sí, te compré el champú, pero no compré la pasta de dientes. Me costó $2,87. (3) Sí, le di la composición después de la clase. (4) No, le voy a dejar la nota al profesor de literatura mañana. (5) No, no nos dio nada. (6) Sí, te busqué el libro. Aquí está. (7) Sí, esta noche les voy a decir a ellos que no puedes ir a esquiar mañana. (8) Sí, te puedo comprar el papel.

Actividad 19: Niño triste. (1) nadie (2) nunca (3) nada (4) Nadie (5) nadie (6) nada (7) algo (8) alguien (9) siempre

Actividad 20: Lectura rápida. c

Actividad 21: Lectura enfocada. 1. Es un desierto (que está) en el norte de Chile. 2. Colombia, Venezuela o Uruguay; Argentina, Chile o Bolivia 3. Argentina y Brasil 4. triste

Actividad 22: Los detalles. 1. las playas blancas 2. el Salto Ángel 3. las Cataratas del Iguazú 4. Iguazú 5. Brasil 6. la leyenda 7. Naipi 8. se enfureció 9. Naipi y Tarob 10. Un dios creó las cataratas cuando se enfadó y mató a Naipi y Tarob 11. para electricidad/una planta hidroeléctrica

CAPÍTULO 7

Práctica mecánica I

Actividad 1: En el hotel. 1. una habitación sencilla 2. una habitación doble 3. el/la empleado/a 4. el/la recepcionista 5. una habitación con media pensión 6. una habitación con pensión completa

Actividad 2: Hablando por teléfono. 1. c 2. i 3. a 4. f 5. b 6. d 7. e 8. g

Actividad 3: Los verbos en el pasado. 1. pusiste 2. pude 3. comenzó 4. supo 5. trajimos 6. vinieron 7. repitió 8. tuve 9. leyó; escribió 10. pedí 11. quise; pude 12. construyó 13. dijeron 14. Oíste; se murió 15. durmió

Actividad 4: ¿Cuánto tiempo hace? *Answers will vary slightly. For example:* 1. Hace dos años que empecé la universidad. 2. Hace cuatro años que terminé la escuela secundaria. 3. Hace tres semanas que visité a mis abuelos. 4. Hace cinco horas que desayuné. 5. Hace dos días que escuché las cintas para la clase de español.

Actividad 5: Negativos. 1. ninguna 2. ninguno 3. algún 4. algunos 5. algunos

Práctica comunicativa I

Actividad 6: En el hotel. *Answers will vary somewhat. For example:* R: En qué H: habitación R: ¿Con baño o sin baño? R: ¿Con pensión completa? H: ¿Cuánto cuesta? R: ¿Por cuántas noches?

Actividad 7: La vida universitaria. *Answers will vary. For example:* 1. Dormí ocho horas anoche. 2. Mentí hace una semana. 3. Estudié muy poco para mi último examen. 4. Saqué C en mi último examen. 5. Fui a una fiesta hace dos semanas. 6. Sí, la última vez que salí de la universidad por un fin de semana, llevé los libros. 7. Hace tres años que leí una novela para divertirme. 8. Anoche comí mal.

Actividad 8: Las obligaciones. *Answers will vary. For example:* A. Tuve que estudiar. Tuve que comprar champú. Tuve que llamar a mi profesora de historia. B. Quise hablar con el profesor. Quise llevarle el estéreo a Marta. Quise terminar la composición. C. Tengo que comprar un libro. Tengo que ir a la biblioteca. Tengo que hablar con mis amigas.

Actividad 9: La lista de compras. (1) ninguna (2) algunas (3) ningún (4) ninguno (5) algunos (6) algunos

Práctica mecánica II

Actividad 10: Lo, la, los, las. 1. No lo veo. 2. No los tenemos. 3. Elisa está comprándola./Elisa la está comprando. 4. No lo conoció. 5. Juan y Nuria no los trajeron. 6. Vamos a comprarlas/Las vamos a comprar.

Actividad 11: De otra manera. 1. Los tengo que comprar. 2. Estoy invitándote a la fiesta. 3. Estamos escribiéndolo. 4. Nos van a ver mañana.

Actividad 12: Pronombres de los complementos directos. *Answers will vary. For example:* 1. Sí, te quiero. 2. No, no voy a traerlas./No, no las voy a traer. 3. Sí, estoy invitándolos./Los estoy invitando. 4. No, no la llevo. 5. Sí, la compré.

Actividad 13: ¿Presente o pretérito? *Answers will vary. For example:* 1. Hace tres meses que estudio español. 2. Hace cinco horas que comí./Comí hace cinco horas. 3. Hace un año que vivimos aquí. 4. Hace media hora que estoy esperándolos. 5. Hace tres años que asisto a esta universidad.

Práctica comunicativa II

Actividad 14: El itinerario. *Answers will vary somewhat. For example:* 1. No, no es posible./No, el vuelo sale el viernes. 2. No, no puede./No, sólo puede ir los miércoles y los sábados. 3. Ud. puede ir los viernes y los domingos a las 22:25.

Actividad 15: Información. *Answers will vary somewhat. For example:* 1. ¿A qué hora llega el vuelo de LAN Chile a Caracas?; ¿Hay retraso? 2. No, llega a tiempo.; Sale a las 14:20 de la puerta número siete.; Es el 357.; De nada.

Actividad 16: La respuesta apropiada. b; a; a; c; b; b

Actividad 17: Las definiciones. *Answers will vary.*

Actividad 18: Número equivocado. *Answers will vary somewhat. For example:* 1. C: Está S: Ud. tiene el número equivocado; S: ella no vive aquí 2. C: Quisiera el número de; Muchas gracias.   3. *S:* ¿Aló?   *C:* ¿Está Imelda, por favor?   *S:* ¿de parte de quién?   *C:* De parte de

Actividad 19: Los descuentos.   1. a; c; a; a; b; b   *Answers to items 2–3 may vary slightly. For example:* 2. Cuesta $8,00 por mes.   3. Hay que marcar directamente con "Reach Out" América.

Actividad 20: ¿Cuánto tiempo hace que … ?   *Note: Answers will change based on the present year.*   1. trabajó; Hace —— años que Mario trabajó como reportero.   2. toca; Hace —— años que Mario toca el piano profesionalmente.   3. terminó; Hace —— años que Mario terminó sus estudios universitarios.   4. vende; Hace —— años que Mario vende computadoras para IBM.

Actividad 21: Una conversación.   *M:* vi   *A:* trabajas   *M:* escribí; expliqué   *A:* pediste   *M:* dijeron; dieron   *A:* mintieron   *M:* fui   *A:* Estás   *M:* es

Actividad 22: Editando.   *Answers will vary.*

Actividad 23: Completa la historia.   1. España   2. la base del sistema educativo actual, la lengua, la religión   3. 800   4. Granada/Córdoba   5. unificaron el país política y religiosamente   6. transmitieron el idioma español, su cultura y la religión cristiana

CAPÍTULO 8

Práctica mecánica I

Actividad 1: La primera actividad.   1. segundo   2. tercer   3. quinta   4. séptima   5. cuarto   6. tercero   7. primero   8. noveno   9. primer   10. décima

Actividad 2: La casa.   1. la cocina   2. la sala/el dormitorio   3. el dormitorio   4. el comedor   5. el baño   6. el dormitorio

Actividad 3: Buscando.   1. esté   2. tenga   3. sea   4. tenga   5. cueste

Actividad 4: ¿Subjuntivo o indicativo?   1. escribe   2. sea   3. sepa   4. tiene   5. sea   6. baile   7. pueda   8. empiece   9. da   10. explica   11. pague   12. viva   13. tenga   14. voy   15. guste

Práctica comunicativa I

Actividad 5: ¿En qué piso?   *Answers may vary slightly. For example:* 1. Vive en el quinto piso.   2. Vive en el cuarto piso.   3. Sí, viven en el primer piso.   4. No, ella vive en el tercer piso.

Actividad 6: El apartamento perfecto.   *Answers will vary. Use the subjunctive to describe the apartment. For example:* Voy a buscar un apartamento que tenga dos dormitorios …

Actividad 7: Habitación libre.   *Answers will vary. Use the subjunctive to describe the ideal roommate. For example:* Busco un compañero que sepa cocinar …

Actividad 8: Una clase fácil.   *Answers will vary. Use the subjunctive to describe the instructor. For example:* Necesito una clase fácil con un profesor que sea simpático.

Actividad 9: Los anuncios personales.   *Answers will vary. When describing your friend, use the indicative; when describing what he's looking for in a girlfriend, use the subjunctive. For example:* Soy inteligente, por eso busco una mujer que sea inteligente también.

Práctica mecánica II

Actividad 10: La casa.   1. en la sala   2. en el baño   3. en la cocina   4. en el dormitorio   5. en la sala/el dormitorio   6. en el comedor   7. en el baño   8. en la cocina   9. en la sala/en el dormitorio   10. en el dormitorio

Actividad 11: La influencia.   *A:* vayas   *M:* llames   *A:* compres   *M:* viajes   *A:* sea   *M:* comiences   *A:* escribas   *M:* aceptar   *A:* tengas   *M:* te diviertas

Actividad 12: ¿Ya o todavía?   1. ya   2. ya   3. todavía   4. Ya   5. Todavía

Práctica comunicativa II

Actividad 13: Necesitamos …   *Answers will vary. For example:* (1) una lámpara y un sillón   (2) un sofá, unas mesas, una alfombra y dos estantes   (3) necesitamos cinco sillas y una lámpara   (4) una cama   (5) tiene un escritorio y una cómoda   (6) otra cama, otro escritorio, otra cómoda y dos sillas   (7) un fregadero y una estufa   (8) no tenemos nevera

Actividad 14: Ayuda.   *Answers will vary. For example:* 1. sea barato   2. es $450 por mes por un apartamento con un dormitorio   3. un mes de fianza   4. vivan cerca de la línea de autobuses

Actividad 15: La grabadora.   *Answers will vary. Use the subjunctive in your responses to give advice.*

Actividad 16: Ya/todavía.   *Answers will vary. For example:* 1. Tengo que estudiar todavía.   2. Ya la compré.   3. Ya le escribí la carta.   4. Tengo que hablar con ellos todavía.   5. Ya fui al laboratorio de español.   6. Todavía tengo que aprenderlas.   7. Ya lo saqué.

Actividad 17: Tu hermano menor.   *Answers will vary. Use the subjunctive in your responses.*

Actividad 18: Estudiante frustrado.   (1) guste   (2) estudies   (3) empieces   (4) vuelvas   (5) usar   (6) comenzar   (7) terminar   (8) escribir   (9) estudies   (10) saques   (11) hables

Actividad 19: Cognados.   *Many possible responses:* hispano, interestante, visitar, aire, *etc.*

Actividad 20: Usa el diccionario.   *Your guesses will vary. Dictionary definitions include:* 1. crafts   2. to obtain   3. to put one's foot in it   4. prevailed   5. fabrics

Actividad 21: Preguntas.   *Answers will vary. For example:* 1. Es buena idea ver si la gente del lugar regatea o no.   2. Es buena idea ir a las tiendas artesanales del gobierno, para comparar los precios con los de los mercados.   3. Los días más interesantes para visitar los

mercados de la Lagunilla y San Telmo son los sábados y los
domingos.   4. En el Rastro normalmente no se regatea.

CAPÍTULO 9

Práctica mecánica I

Actividad 1: Los pasatiempos.   1. c   2. d   3. i   4. j   5.
h   6. a   7. b   8. e   9. f   10. g

Actividad 2: La mesa y la cocina.   1. el/la sartén   2. la
olla   3. el plato   4. la taza   5. el tenedor   6. el vaso   7. la
servilleta   8. el cuchillo   9. la cuchara

Actividad 3: Por las dudas.   1. venga   2. hagas
3. tenemos   4. cosa   5. juegue   6. sepa   7. puedo
8. debes   9. da   10. llegue   11. pescan   12. quieran
13. va   14. escribes   15. esté

Actividad 4: ¿Cómo?   1. Generalmente ellas estudian en
la biblioteca.   2. Mis hermanos hablan continuamente por
teléfono.   3. Yo dudo que él venga inmediatamente.   4. Ellos
pescan frecuentemente.   5. Nosotros podemos encontrar
trabajo en Caracas fácilmente.

Actividad 5: La hora y la edad.   1. Eran las ocho cuando
me levanté.   2. Era la una y diez cuando empecé el
examen.   3. Mi padre tenía veinticinco/veinte y cinco años
cuando se casó.   4. Eran las once cuando llegué anoche.
5. Tenía diecisiete/diez y siete años cuando terminé la
escuela secundaria.

Práctica comunicativa I

Actividad 6: Los pasatiempos.   *Answers will vary.*

Actividad 7: Un fin de semana.   *Answers will vary.*

Actividad 8: Tal vez …   *Answers will vary. Use the
subjunctive in your responses.*

Actividad 9: Tu impresión.   *Answers will vary. Use the
indicative for the first, fourth, and sixth blanks; use the
subjunctive for the second, third, and fifth blanks.*

Actividad 10: ¿Qué hora era?   *Answers may vary slightly.
For example:* 1. Eran las nueve menos diez cuando ella se
vistió.   2. Era la una y cuarto cuando ella cocinó.   3. Era la
una y media cuando él llegó/entró/volvió a casa.   4. Eran
las dos cuando ellos comieron.   5. Eran las tres y media
cuando él salió.

Actividad 11: ¿Cuántos años tenías?   *Answers will vary.
For example:* 1. Tenía trece años cuando terminé la escuela
primaria.   2. Mi madre tenía 29 años cuando yo nací.
3. Tenía 19 años cuando empecé la universidad.   4. Tenía
11 años cuando George Bush ganó.

Práctica mecánica II

Actividad 12: Rompecabezas.   1. lechuga   2. cebolla
3. aceite   4. salsa   5. frutas   6. huevos   7. vinagre
8. jamón   9. tenedor   10. pimienta   *El dicho secreto:* Está
rojo como un tomate.

Actividad 13: ¿*Por* o *para*?   1. por   2. por   3. Para
4. para   5. por; por   6. por   7. por   8. Para

Actividad 14: ¡Qué emoción!   1. leas   2. haya   3. sacar
4. acepten   5. estés   6. poder   7. guste   8. prepare
9. tener   10. ver

Práctica comunicativa II

Actividad 15: La comida.   *Answers will vary. For
example:* 1. b, e, h, i   2. b, e, f, g, i, j, l   3. a, b, d, e, f, g, h,
i, j, l   4. b, h   5. c, k   6. a, h

Actividad 16: Una receta.   *Answers will vary. For
example:* (1) se corta   (2) se lava   (3) se corta   (4) Se
pone   (5) se añade/se pone   (6) cortar   (7) añadas   (8) se
añaden   (9) se añade   (10) se revuelve

Actividad 17: Las mentes inquisitivas quieren saber.
Answers will vary. All phrases except **creo que** *take the
subjunctive.*

Actividad 18: El futuro inseguro.   *Answers will vary. Use
the subjunctive in your responses.*

Actividad 19: Oración principal y evidencia.   *Answers
will vary slightly for supporting evidence.   Párrafo 2:* Uno
de los fenómenos arqueológicos inexplicables está en
Nazca, Perú. *Ideas de apoyo:* dibujos gigantes en la tierra;
sólo se ve desde el cielo; líneas muy derechas; época
prehistórica; posiblemente extraterrestres.   *Párrafo 3:* Otro
enigma que contradice toda lógica está en la Isla de Pascua,
Chile. *Ideas de apoyo:* cabezas de piedra volcánica; 400
a.C.; más de veinte toneladas; cómo moverlas.   *Párrafo 4:*
Una de estas costumbres es el uso de la hoja de coca por los
indígenas de Bolivia y Perú. *Ideas de apoyo:* ofrecen la coca
a la diosa Pachamama; la mastican para combatir el hambre
y el cansancio; la usan para predecir el futuro y diagnosticar
enfermedades.   *Párrafo 5:* Un fenómeno religioso que
coexiste con el catolicismo es la santería, común en varios
países del Caribe. *Ideas de apoyo:* origen africano y
europeo; dioses africanos con santos cristianos; en Cuba los
orishas corresponden a santos cristianos (Babalú = San
Lázaro, Changó = Santa Bárbara).

Actividad 20: Preguntas.   *Answers will vary, but should
be in complete sentences and include these ideas:*
1. *(personal opinion; most people consider this a popular
myth)*   2. cómo las movieron   3. religión, combatir el
hambre y el cansancio, predecir el futuro   4. africano y
europeo   5. *(depends on one's personal knowledge)*

CAPÍTULO 10

Práctica mecánica I

Actividad 1: El correo.   1. la carta   2. la estampilla/el
sello   3. la dirección   4. el remite   5. el sobre   6. el buzón

Actividad 2: Más verbos.   1. me parece   2. les fascinan
3. te duele   4. necesita   5. le duelen   6. le fascinó
7. ayudas   8. le falta

Actividad 3: Combinando.   1. Voy a escribírtela/Te la voy
a escribir.   2. Se los regalé.   3. Se la pidió.   4. ¿Quieres

que te la mande?   5. Estoy preparándotelo./Te lo estoy preparando.

Actividad 4: De otra manera.   1. Voy a comprártelo.
2. Estoy cosiéndoselo.   3. Tienes que lavármelos.   4. Está leyéndonoslo.

Práctica comunicativa I

Actividad 5: El paquete.   *(a) Answers will vary. For example:* (1) Quiero mandar un paquete.   (2) Va a España.
(3) No, sólo contiene contratos.   (4) Lo quiero mandar urgente. ¿Cuándo va a llegar?   (5) Muy bien. ¿Cuánto cuesta?   *(b) Destinatario:* Diego Velazco Ramírez, Hotel Meliá Castilla, Capitán Haya 43, 28020 Madrid, España
Remitente: (Your name and address you invent in Mexico.) Contenido del paquete: Contratos

Actividad 6: La universidad.   *Answers will vary. Begin by saying:* 1. Me fascina/n …   2. Me molesta/n …   3. Me parecen …   4. Sí, me falta …/No, no me falta nada.

Actividad 7: El esposo histérico.   *Answers will vary. For example:* (1) te lo compré   (2) Sí, lo puse en la nevera hace una hora.   (3) te la limpié   (4) No, no debes ponértela.
(5) limpiártelos

Práctica mecánica II

Actividad 8: Los deportes.   1. d; h   2. a; b; c; d   3. a; e; g   4. a   5. e   6. a; f; h   7. g   8. a; b; c; d; e   9. b; c; d

Actividad 9: Describiendo.   1. iba   2. comía
3. jugaban   4. era; trabajaba   5. tenían; había   6. pintaba
7. era   8. preguntaba

Actividad 10: ¿Pretérito o imperfecto?   1. era; tenía
2. fuimos   3. jugábamos; perdía   4. estudiaba   5. era; tenía   6. tuve   7. almorzábamos; íbamos   8. llevaba
9. llegó   10. escribía; eran   11. empezó   12. llegó; preparó; miró   13. fueron; había   14. tenía; aprendí
15. Eran; llamó

Práctica comunicativa II

Actividad 11: Un anuncio.   1. levantar pesas; hacer ejercicio   *Answers to questions 2 and 3 will vary. For example:* 2. No buscan personas que tengan experiencia porque van a enseñarles a ser instructoras.   3. Creo que es un gimnasio para mujeres. Porque el anuncio pregunta si "quieres ser instructora" y porque la persona que se ve en el dibujo en el anuncio es una mujer.

Actividad 12: Mi vida en Santiago.   (1) me levantaba
(2) Caminaba   (3) vivía   (4) Trabajaba   (5) Enseñaba   (6) eran   (7) necesitaban   (8) eran   (9) iban   (10) gustaban
(11) salíamos   (12) Comíamos   (13) íbamos   (14) era/es

Actividad 13: Un campeonato final sin final.   (1) había
(2) Hacía   (3) estaban   (4) esperaba   (5) Eran   (6) empezó   (7) estaba   (8) decía   (9) tuvo   (10) pudo
(11) ganó

Actividad 14: El robo.   *Answers will vary. For example:*
(1) Eran las siete y cuarto.   (2) La víctima estaba enfrente de la tienda de ropa y yo estaba en la esquina.   (3) Le robó el paquete a la víctima.   (4) Era alto y delgado, con bigote y

con el pelo corto. Llevaba "jeans" y camisa.   (5) No, tenía bigote.   (6) Era un Ford Fiesta azul, bastante viejo.   (7) No sé. No lo vi.

Actividad 15: Los niños de hoy.   *Answers will vary. Use the imperfect for Diana's first two responses and the present indicative for her last two.*

Actividad 16: ¡Cómo cambiamos!   *Answers will vary. Use the imperfect to describe what she used to look like and what she used to do. Use the present indicative to describe what she looks like and what she does now.*

Actividad 17: Mira y contesta.   1. Guatemala, El Salvador, Belice, Honduras, Nicaragua, Costa Rica, Panamá   2–4. *Answers will vary depending on your personal knowledge.*

Actividad 18: Referencias.   1. Centroamérica   2. los países centroamericanos   3. el Canal de Panamá   4. Óscar Arias   5. Honduras   6. Guatemala   7. 50% de la población   8. semejanzas

Actividad 19: Preguntas.   *Answers will vary, but should be in complete sentences. For example:* 1. Es el recurso económico más grande de Panamá.   2. Unas diferencias son la población de origen europeo, el 10% de analfabetismo, el no tener ejército y el no tener conflictos políticos internos.
3. Todos tienen conflictos políticos y riquezas naturales.
4. La población indígena de sangre pura es la más grande de Centroamérica.

CAPÍTULO 11

Práctica mecánica I

Actividad 1: La medicina.   1. aspirina   2. sangre
3. vendaje   4. inyección   5. escalofrío   6. diarrea
7. náuseas   8. radiografía   9. fiebre   10. píldora

Actividad 2: La salud.   1. c   2. f   3. a   4. g   5. h   6. d
7. e

Actividad 3: ¿Imperfecto o pretérito?   1. traducía; completaba   2. fui; hacía; nadaba; levantaba   3. pasaba; encantaba   4. trabajaron; Vivieron   5. estuve/estaba; tuve
6. manejaba; paró   7. me duchaba; llamó; contesté   8. viajábamos; fuimos

Práctica comunicativa I

Actividad 4: Los síntomas.   *Answers will vary. Use the present tense to describe symptoms in conversations 1 and 3. Use the imperfect tense to add more symptoms in conversation 2.*

Actividad 5: Los remedios.   *Answers will vary. For example:* (1) toma Ud. una aspirina   (2) tomar una cápsula   (3) Claro que sí.   (4) pastillas de Tylenol y jarabe para la tos   (5) Ud. necesita comprar vendajes

Actividad 6: Tu salud.   1. b   2. b   3. c   4. a

Actividad 7: ¿Qué le pasaba?   (1) entraba   (2) pasé
(3) estaba   (4) podía   (5) estaba   (6) creía   (7) iba

(8) me levanté   (9) sabía   (10) dijo   (11) ponía   (12) empezó   (13) pensaba   (14) era   (15) sabía

Actividad 8: El informe del detective.   *Answers will vary. For example:* Su esposo pasó la primera parte de la mañana trabajando. Pero a las once, salió de su trabajo. Se sentó en un café y mientras tomaba un café llegó una mujer guapa que se sentó con él. Los dos entraron a una tienda de ropa para mujeres. Mientras ella se probaba un vestido, su esposo compró un perfume. Luego, su esposo volvió a su trabajo.

Actividad 9: La verdad.   *Answers will vary. For example:* *Él:* trabajé en la oficina *Ella:* trabajaste *Él:* cuando salí *Él:* conocí *Ella:* salías con otra mujer *Él:* una amiga y me ayudó a comprar los regalos

Actividad 10: ¿Qué estaban haciendo?   *Answers may vary slightly. For example:* 1. estaba arreglando un carro cuando oyó la explosión   2. estaba preparando la comida cuando oyó la explosión   3. estaban leyendo cuando oyeron la explosión   4. estaba jugando al fútbol cuando oyó la explosión   5. estaba durmiendo cuando oyó la explosión 6. estaba duchándose cuando oyó la explosión

Práctica mecánica II

Actividad 11: El carro.   *El interior:* 1. el acelerador 2. el aire acondicionado   3. el embrague   4. el espejo/ retrovisor   5. el freno   6. el/la radio   7. el volante   *El exterior:* 1. el baúl   2. el limpiaparabrisas   3. las luces 4. la llanta   5. el parabrisas   6. la puerta   7. el tanque de gasolina

Actividad 12: ¿Pretérito o imperfecto?   1. conoció 2. íbamos   3. tenía; fue; tuvo   4. supe; dije   5. sabía; llamó   6. tuvimos; ayudó   7. iban; empezó   8. iba; perdió   9. viví; volví; necesité/necesitaba; conocía 10. fue; conoció

Actividad 13: Describiendo.   1. cerrada   2. sentado 3. lavada   4. preocupada   5. usados   6. arreglado; lavado 7. bañados; vestidos   8. traducido

Práctica comunicativa II

Actividad 14: Problemas, problemas y más problemas. (1) frenos   (2) limpiaparabrisas   (3) baúl   (4) luces (5) aire acondicionado

Actividad 15: Las excusas.   1. Iba; tuve   2. Tenía   3. Iba; fui; tuve; Tuve

Actividad 16: El telegrama.   (1) reservada   (2) alquilado   (3) vendidas   (4) preparado

Actividad 17: ¿Qué hiciste?   *Answers will vary. Use the preterit in all answers.*

Actividad 18: ¿Cómo era?   *Answers will vary. Use the imperfect in all answers.*

Actividad 19: La carta.   *Answers will vary. Use the preterit to narrate the action and use the imperfect to set the scene. Refer back to answers given in Act. 17 and Act. 18.*

Actividad 20: Aquí.   *Answers will vary.*

Actividad 21: Allá.   1. Para entrar en la universidad, hay que tomar un examen de entrada.   2. Comienzan a especializarse desde el momento que entran a la universidad.   3. Los estudiantes estudian solamente en sus facultades.   4. En general, van a la universidad donde viven.   5. La educación generalmente es gratis o muy barata.

CAPÍTULO 12

Práctica mecánica I

Actividad 1: La palabra que no pertenece.   1. batería 2. cordero   3. pavo   4. saxofón   5. ajo   6. trombón   7. coliflor   8. carne

Actividad 2: Los platos.   1. melón con jamón, churrasco, flan   2. espárragos con mayonesa, medio pollo, fruta 3. judías verdes, bistec, helado

Actividad 3: ¿Pretérito o imperfecto?   1. vi   2. nadaba 3. vivíamos; íbamos; estaba   4. se quejaba; tenía 5. estábamos; empezó   6. asistió; vino   7. molestaban 8. mandaba; dio   9. hablaba; supe   10. dormía; empezó

Actividad 4: Describiendo.   1. roto   2. servida 3. muerta   4. lavadas; puesta   5. cerradas; abiertas 6. escrito

Actividad 5: Negando.   *Answers will vary slightly. For example:* 1. No, no bailé con nadie.   2. No, no revisó ni el aceite ni la batería.   3. No vino nadie anoche./Nadie vino anoche/No vino ninguno.   4. No, no voy a la biblioteca nunca./No, nunca voy a la biblioteca.   5. No, no pude comprar ni la carne ni los espárragos.

Práctica comunicativa I

Actividad 6: Las bodas.   *Answers will vary. For example:* (1) los Redonditos de ricota   (2) la música de los años 40 y 50   (3) muchos amigos de mis padres   (4) bailar

Actividad 7: El encuentro.   *Answers will vary.* (1–5) imperfecto   (6) pretérito   (7) adjetivo   (8) imperfecto   (9) imperfecto   (10) pretérito

Actividad 8: La comida.   *Answers will vary. For example:* *Primer plato:* 1. Sopa de verduras   2. Ensalada rusa *Segundo plato:* 1. Medio pollo al ajo con papas fritas   2. Lasaña   *Postre:* torta de chocolate   *Champán:* Sí   *Primer plato:* Espárragos con mayonesa   *Segundo plato:* Ravioles (con queso)   *Postre:* torta de chocolate

Actividad 9: Un sobreviviente.   *Párrafo 1:* (1) iba (2) llegué   (3) estaba   (4) volaba   (5) parecía   (6) tuve (7) dijeron   (8) había   (9) encontraron   *Párrafo 2:* (1) pasaron   (2) subieron   (3) salió   (4) dijo (5) teníamos   (6) preocupó   (7) volvía   (8) hacía (9) fue   *Párrafo 3:* (1) oí/oímos   (2) lloraba   (3) gritaba (4) tuve

Actividad 10: Las apariencias.   *Answers will vary. Remember that past participles as adjectives agree with the nouns they modify and that you use the imperfect to describe a scene.*

Práctica mecánica II

Actividad 11: La variedad geográfica. 1. e 2. g 3. b
4. a 5. i 6. c 7. f 8. d 9. h

Actividad 12: Comparando. *Answers will vary. For
example:* 1. Michael Jordan es mejor que Shaquille
O'Neal. 2. México es el más grande de los tres. 3. Mis
hermanos son más jóvenes que tus hermanos. 4. El carro
cuesta más de diez mil dólares. 5. El Sr. Clinton es el más
joven de los tres. 6. Danny DeVito es más bajo que Tom
Hanks.

Actividad 13: Exagerando. 1. Clara Inés es guapísima.
2. Pablo es altísimo. 3. El examen fue facilísimo. 4. Ella
tiene pelo larguísimo. 5. El programa fue malísimo.

Práctica comunicativa II

Actividad 14: La geografía. *Answers are given with
accents, but accents are omitted from crossword puzzles.
Horizontales:* 4. autopista 6. colina 7. río 8. selva
11. valle 12. lago 13. océano 14. mar *Verticales:*
1. puente 2. catarata 3. campo 5. isla 9. volcán 10. costa

Actividad 15: ¿Cuánto sabes? *Wording of the corrections
will vary. For example:* 1. F; El Aconcagua es la montaña
más alta del hemisferio. 2. F; Hay menos de veinticinco
países de habla española en el mundo. 3. C 4. C 5. F;
La papa es más importante en Suramérica que en
Centroamérica y en México. 6. F; Pablo Casals fue el
mejor violonchelista del mundo.

Actividad 16: Alquiler de carros. *Answers will vary
somewhat. For example:* 1. Hertz tiene oficinas en trece
países latinoamericanos. 2. Hertz contrasta las ruinas
arqueológicas con las ciudades modernas. 3. Menciona
magníficas playas, paisajes montañosos, selvas y miles de
maravillas naturales. 4. Es posible que esté lejos de
Centroamérica. 5. Sí, te puede garantizar el precio.

Actividad 17: El ejercicio y la salud. *Answers will vary.
For example:* 1. Cuerposano da más clases que Musculín.
2. Musculín es el más caro de los tres. 3. La piscina de
Cuerposano es la más grande de las tres. 4. Musculín tiene
más miembros que Barriguita. 5. … es el mejor gimnasio
porque …

Actividad 18: La familia Villa. 1. David, 26, estudiante
(no trabaja) 2. Felipe, 25, dentista 3. Felisa, 32,
arquitecta 4. Maribel, 34, doctora 5. Ana, 27, secretaria.

Actividad 19: ¿Cómo es tu familia? *Answers will vary.
Use superlatives and comparatives in your description.*

Actividad 20: Lee y adivina. b

Actividad 21: Completa las ideas. *Answers will vary.*

CAPÍTULO 13

Práctica mecánica I

Actividad 1: Definiciones. 1. traslado 2. propina
3. itinerario 4. opcional 5. entradas 6. guía 7.
almuerzo ¿Qué es algo que nadie quiere pagar? impuestos

Actividad 2: ¿Lo has hecho? 1. ha esquiado 2. has
tomado 3. he bebido 4. hemos escrito 5. Han visto
6. Ha pasado 7. ha tenido 8. hemos hecho

Actividad 3: Espero que hayas entendido. 1. haya
llegado 2. vengan 3. vuelvan 4. sea 5. hayan salido
6. hayan tenido 7. hayas dejado 8. vengan 9. diga 10.
entienda

Actividad 4: ¡Ay, ay, ay! 1. A mí se me olvidó el
examen. 2. A los niños se les rompió la ventana. 3. A
Ramón se le perdieron los niños. 4. A ti se te cayeron los
libros. 5. A nosotros se nos olvidó pagar.

Práctica comunicativa I

Actividad 5: Tus preferencias. *Answers will vary. For
example: (a)* 1. Me gusta más tener mucho tiempo libre.
2. Prefiero alquilar un carro e ir con un grupo pequeño. 3.
Prefiero probar los restaurantes locales. *(b)* Me gustaría
hacer el viaje II porque ofrece mucho tiempo libre y la
oportunidad de probar los restaurantes locales.

Actividad 6: Las aventuras. *Answers will vary. For
example:* 1. No, nunca he saltado de un avión. 2. Sí, he
dormido toda la noche en un carro. 3. No, no me han
despertado mis amigos a las cuatro de la mañana para salir
con ellos. 4. Sí, hemos nadado sin traje de baño. 5. No,
nunca me he enamorado de nadie a primera vista. 6. No,
no he llamado al trabajo nunca diciendo que estaba enfermo
y he salido después con mis amigos. 7. Sí, he dejado un
buen trabajo para hacer un viaje.

Actividad 7: Deseos y probabilidades. *Answers will vary.
For example:* 1. haya heridos 2. haya estudiado inglés y
que no tenga hijos 3. no haya tomado el avión de las tres
4. haya escrito 5. haya ganado

Actividad 8: Un puesto vacante. *O:* ha vivido *S:* ha
trabajado *O:* haya tenido *S:* haya aprendido *O:* ha
hecho *O:* haya aceptado

Actividad 9: ¡Qué desastre de familia! 1. se me
olvidaron 2. se le rompió 3. se nos quemó 4. se le
cayeron 5. se le perdió

Práctica mecánica II

Actividad 10: Las joyas. 1. b, h 2. j, l 3. e, f 4. c, k
5. a 6. g, i 7. d

Actividad 11: ¿Qué está haciendo? 1. Está cruzando la
calle. 2. Está doblando a la izquierda. 3. Está bajando las
escaleras. 4. Está doblando a la derecha. 5. Está subiendo
las escaleras.

Actividad 12: Dando direcciones. 1. Cruce la calle.
2. Doble a la izquierda. 3. Baje las escaleras. 4. Doble a
la derecha. 5. Suba las escaleras.

Actividad 13: Los mandatos. 1. Salga de aquí. 2. No
copien en el examen. 3. Póngaselo. 4. Cómalo. 5. No
los compren. 6. No los busque. 7. Háganlo ahora. 8. No
me lo dé. 9. No se lo digan. 10. Vuelva a su casa.

Actividad 14: Comparaciones. *Some of the answers may
vary slightly. For example:* 1. Isabel es tan alta como Paco.
2. El pelo de Pilar es más largo que el pelo de Ana. 3.

Paula es tan bonita como María.   4. Pepe está tan cansado como Laura.   5. Los ojos de Elisa son más pequeños que los de Juana.

Práctica comunicativa II

Actividad 15: Los regalos y las compras.   *Answers will vary. For example:* 1. Sí, alguien me ha regalado un anillo. Mi madre me lo regaló para mi cumpleaños.   2. No, no he comprado un reloj en el último año.   3. Sí, le he regalado una joya a alguien. Le regalé unas perlas a mi hermana.   4. Me gustaría recibir una pulsera de oro este año.

Actividad 16: ¡Ojo!   *Answers will vary. For example:* 1. No la tome.   2. Siéntese.   3. No fumen.   4. No naden en el mar.

Actividad 17: Mandatos.   *Answers will vary. For example:* 1. No lo pierda.   2. Páguenlos.   3. No las olviden.   4. Alquílenlos temprano.   5. Llénenlas inmediatamente.

Actividad 18: Los anuncios.   *Answers will vary. Follow the model and check to make sure adjectives agree with the nouns they modify.*

Actividad 19: Antes de leer.   *The purpose of this activity is not to get the correct answer, but rather to get you thinking about the topic of the reading. Answers will vary according to your own knowledge. For example:* 1. los españoles   2. para explorar   3. el sudoeste, Florida y grandes ciudades industriales como Chicago y Nueva York   4. heterogénea   5. la mayoría sí

Actividad 20: Conecta.   1. no sólo de Europa; de muchas partes del mundo   2. norteamericanos e hispanos   3. su idioma y su identidad hispana   4. propaganda dirigida a la comunidad hispana en general y propaganda dirigida hacia grupos en particular   5. una propaganda de la cerveza Coors   6. El anuncio es para gente de origen caribeño.

Actividad 21: ¿Qué aprendiste?   *Answers will vary.*

CAPÍTULO 14

Práctica mecánica I

Actividad 1: Asociaciones.   1. g   2. e   3. f   4. b   5. d   6. j   7. a   8. c   9. i

Actividad 2: Mandatos.   1. Dísela.   2. Escríbemelo.   3. No salgas ahora.   4. Ponlo allí.   5. Búscame después de la clase.   6. No los toques.   7. Hazlo.   8. Aféitate.   9. No se lo digas a nadie.   10. No lo empieces ahora.

Actividad 3: Más mandatos.   1. sé   2. salgan   3. traiga   4. va   5. hagas   6. lleven   7. es   8. vayamos

Práctica comunicativa I

Actividad 4: Una visita al dentista.   *Answers will vary. For example:* P: Me hice una limpieza de dientes hace tres años.   D: dos veces al año   P: empastes   D: muela del juicio

Actividad 5: En el banco.   *Answers may vary slightly.* 1. Está firmando.   2. Está sacando dinero del banco.   3. Está cambiando dinero.   4. Está comprando cheques de viajero.

Actividad 6: La vida de los niños.   *Answers will vary. Remember that object pronouns follow and are attached to affirmative commands and precede negative commands. For example:* ¡No lo hagas! ¡Cómelo! ¡Lávate las manos! ¡No hables!

Actividad 7: Una vida de perros.   1. Siéntate.   2. Trae el periódico.   3. Baila.   4. No molestes a la gente.   5. No subas al sofá.   6. Acuéstate.   7. No comas eso.   8. Quédate allí.

Actividad 8: Cómo llegar a mi casa.   *Answers will vary. Refer to the example given in the instructions.*

Actividad 9: ¡Qué desastre de amigo!   1. No cruces.   2. No la toques.   3. No te duermas.   4. No las olvides.

Actividad 10: ¿Una amiga?   *Answers will vary. For example:* (1) es muy difícil; la molestan mucho   (2) busque un trabajo nuevo   (3) llame

Práctica mecánica II

Actividad 11: Pidiendo el desayuno.   *Answers will vary. For example:* 1. Quiero dos huevos fritos, tostadas y café.   2. Me gustaría un croissant, mantequilla, mermelada de fresa y jugo.   3. Quisiera churros y chocolate.

Actividad 12: Evitando la redundancia.   1. Tengo unos pantalones negros y unos blancos.   2. Quiero la blusa de rayas y también la azul.   3. ¿Compraste las sillas de plástico y las rojas?   4. Necesito tener unos videos modernos y unos viejos.

Actividad 13: La posesión.   1. El carro mío es alemán.   2. La casa suya es grande.   3. ¿Los documentos suyos están aquí?   4. ¿Dónde está el abrigo mío?   5. Los hijos nuestros son pequeños todavía.

Actividad 14: Los pronombres posesivos.   1. Me fascinan los tuyos.   2. ¿Tienes el mío de Rubén Blades?   3. Ellos no necesitan traer las suyas.   4. Los nuestros son de Visa pero los suyos son de American Express.

Práctica comunicativa II

Actividad 15: Desayunando en el Hotel O'Higgins. *Answers will vary. For example: Habitación 508:* 10:00; huevos revueltos; tocino; té; limón para el té (pedido especial).   *Habitación 432:* 7:30; café; té; huevos revueltos; tostadas; un jugo de tomate si hay y otro de papaya o mango (pedido especial).

Actividad 16: La corbata manchada.   *S:* una   *V:* unas; unas   *S:* las; la   *S:* la

Actividad 17: ¡Qué desorden!   6; 8; 1; 7; 2; 9; 4; 5; 10; 3

Actividad 18: Los anuncios.   *Answers will vary. Follow the example.*

Actividad 19: Los compañeros.   *Answers will vary. For example: E:* mío nunca lava los platos   *V:* mía no lava los platos; la mía deja la ropa por todos lados *E: mío no paga el alquiler a tiempo V: mía usa la ropa mía sin pedirme permiso; la mía nunca limpia el cuarto de baño E: la novia de ese compañero mío siempre está en el apartamento V: sea mejor E: hacerlo yo*

Actividad 20: Antes de leer. *Answer will vary according to your own background knowledge and what you learned through reading the text.*

Actividad 21: Explícalo. *Answers will vary. For example:* 1. Es un sustantivo que significa … 2. Es un adverbio que significa … 3. Es un adjetivo que quiere decir … 4. Es un verbo que signifca …

CAPÍTULO 15

Práctica mecánica I

Actividad 1: Los animales. 1. león 2. toro 3. mono 4. gato 5. caballo 6. osos 7. elefante 8. pájaro 9. vaca 10. perros

Actividad 2: El medio ambiente. 1. energía solar 2. reciclan 3. extinción 4. energía nuclear 5. lluvia ácida 6. conservación; basura 7. contaminación 8. fábrica

Actividad 3: El futuro indefinido. 1. venga 2. traduzcas 3. empezó 4. acabe 5. volvamos 6. dio 7. termine 8. saqué

Actividad 4: ¡Vámonos! 1. ¡Bailemos! 2. ¡Sentémonos! 3. ¡Bebámoslo! 4. ¡No se lo digamos! 5. ¡Levantémonos! 6. ¡Cantemos! 7. ¡No se lo mandemos! 8. ¡Escribámoslo!

Actividad 5: ¿Qué o cuál/es? 1. Cuál 2. Qué 3. Cuáles 4. Cuáles 5. Qué 6. Cuál 7. Cuál 8. Qué 9. qué 10. Qué

Práctica comunicativa I

Actividad 6: La conciencia. 1. X 2. X 3. — 4. — 5. — 6. X 7. X 8. — 9. — 10. X

Actividad 7: El político. *Answers will vary. Remember to use the subjunctive after* **no creer** *and* **es posible.**

Actividad 8: El pesimista. *Answers will vary. Use the subjunctive in all responses.*

Actividad 9: ¿Qué piensas? *Answers will vary. For example:* 1. Cuáles; Se pueden reciclar periódicos, latas y botellas. 2. Qué; Reciclo latas y periódicos. 3. Cuál; La energía solar es la forma de energía más limpia. 4. Qué; Sé que la lluvia ácida mata los peces. 5. Qué; Hay una fábrica que hace carros y otra que hace papel. 6. Cuáles; La fábrica que hace papel produce contaminación.

Actividad 10: Invitaciones y soluciones. *Answers will vary. For example:* 1. ¡Bailemos! 2. Entonces, no se lo digamos. 3. Volvamos a la casa. 4. Alquilemos un carro. 5. Sentémonos en una mesa.

Práctica mecánica II

Actividad 11: Todos son diferentes. 1. orgulloso/a 2. sensata 3. ambiciosa 4. perezoso 5. valiente 6. cobarde 7. sensible 8. ignorante 9. amable 10. agresivo 11. honrado/a

Actividad 12: Hablando del pasado. 1. Nosotros habíamos comprado la comida antes de llegar a casa. 2. La profesora había dado el examen cuando yo entré. 3. Ellos habían vendido el carro cuando nosotros llegamos. 4. Yo había salido cuando tus hermanos tuvieron el accidente.

Actividad 13: Expresiones. 1. Por casualidad 2. por lo menos/por suerte 3. por hora; por suerte 4. Por si acaso 5. por eso 6. Por supuesto

Actividad 14: Uniendo ideas. 1. que 2. que 3. lo que 4. que 5. lo que 6. quien 7. quien 8. que

Práctica comunicativa II

Actividad 15: La conferencia. (1) La llaman agresiva. (2) Lo llaman cobarde. (3) Lo llaman perezoso. (4) La llaman sensible. (5) Las llama ignorantes.

Actividad 16: ¡Qué día! 8; 5; 3; 11; 1; 9; 7; 2; 10; 4; 6

Actividad 17: La historia. *(b) Answers will vary. For example:* 1. Ponce de León ya había llegado a la Florida cuando Núñez de Balboa vio el Pacífico por primera vez. 2. Cortés ya había tomado México cuando Pizarro tomó Perú. 3. Magallanes ya había muerto cuando Elcano terminó de darle la vuelta al mundo. 4. Cuando Pizarro terminó con el imperio incaico en Perú, Cuauhtémoc ya había muerto. 5. Moctezuma ya había muerto cuando murió Atahualpa. 6. Cuando Hernando de Soto encontró el Misisipí, Núñez de Balboa ya había visto el Pacífico. 7. Cuando los peregrinos fundaron la colonia de Plymouth, Hernando de Soto ya había encontrado el Misisipí.

Actividad 18: Uniendo ideas para aprender historia.

Answers may vary somewhat. For example: 1. Cristóbal Colón habló con los Reyes Católicos, de quienes recibió el dinero para su primera expedición. 2. Ponce de León exploró la Florida en busca de la fuente de la juventud que en realidad no existía. Lo que encontró fueron indígenas y bellezas naturales. 3. A principios del siglo XVI, los españoles llevaron el catolicismo a los indígenas, lo que significó para los indígenas un cambio en su vida y en sus costumbres. 4. Hernando de Soto fue uno de los conquistadores españoles que tomaron Perú para España. 5. Simón Bolívar liberó parte de Hispanoamérica, que hoy en día incluye Colombia, Venezuela, Ecuador y Panamá.

Actividad 19: El mapa mental. *Mind maps will vary according to your own thoughts.*

Actividad 20: Problemas y soluciones. *Answers will vary. Possible data to include:* 1. *Problema:* destrucción de la selva; *Solución:* intentar salvarla, usar científicos 2. *Problema:* el uso excesivo de los recursos naturales; *Solución:* usar caña de azúcar, energía hidroeléctrica 3. *Problema:* el agujero en la capa de ozono; *Solución:* usar productos químicos con cuidado

CAPÍTULO 16

Práctica mecánica I

Actividad 1: La fotografía. 1. una cámara (de fotos)
2. un flash 3. una cámara de video 4. un álbum 5. un
rollo 6. unas diapositivas 7. unas pilas

Actividad 2: El futuro. 1. tendré 2. se casarán
3. podrás 4. diremos 5. se quedará 6. seré 7. hablará
8. saldré; traeré

Actividad 3: Formando hipótesis. 1. harías 2. diría
3. podría 4. entenderían 5. copiaría 6. se irían
7. haría 8. saldrían 9. se divertiría 10. tendríamos

Actividad 4: Lo bueno. *Answers may vary. For example:*
1. lo bueno; lo malo 2. lo interesante; lo aburrido 3. lo
fácil; lo difícil

Práctica comunicativa I

Actividad 5: Tu futuro. *Answers will vary. For example:*
Para hacer: 1. Compraré aspirinas. 2. Llamaré a mi tío.
3. Estudiaré para el examen. *Para hacer si hay tiempo:*
1. Debo salir con Juan. 2. Debo ir a nadar. 3. Debo lavar
mi carro.

Actividad 6: Predicciones. *Answers will vary. Use the*
future tense in your responses. For example: Teresa y
Vicente se casarán. Vivirán en San Juan, Puerto Rico y
tendrán tres hijos.

Actividad 7: Bola de cristal. *Answers will vary. Use the*
future tense in all responses. For example: El próximo
presidente de los Estados Unidos tendrá que subir los
impuestos.

Actividad 8: ¿Qué harías? *Answers will vary. Use the*
conditional in all responses. For example: En tu lugar, yo le
diría que vas a llamar a su esposa si esto continúa.

Actividad 9: Los planes. (1) me dejó una nota (2) No,
pero dijo que iría. (3) las compraría (4) que nos vería a
las nueve (5) Sí, dijo que iría.

Actividad 10: Este año. *Answers will vary. Most answers*
will use the preterit tense.

Práctica mecánica II

Actividad 11: El trabajo. 1. experiencia; título
2. solicitud; curriculum; recomendación 3. entrevista
4. sueldo; seguro médico 5. contrato

Actividad 12: Probabilidad. 1. Estará 2. sería 3.
estarán 4. tendrá 5. tendrían 6. Habría 7. estará
8. costará

Actividad 13: ¿Infinitivo o subjuntivo? 1. vengan
2. nieve 3. termine 4. ganar 5. sepa 6. ofrezcan 7. ir
8. sepamos 9. pueda 10. terminar

Práctica comunicativa II

Actividad 14: Posiblemente … *Answers will vary*
somewhat. For example: 1. Estarán sacando fotos. 2. Serán

lentes de contacto. 3. Estarán rellenando una solicitud.
4. Hablarán de unas fotos. 5. Estarán mirando unas
diapositivas. 6. Estarán en una entrevista.

Actividad 15: Un encuentro raro. *Answers will vary. Use*
the conditional in your responses. For example: Sería una
agente de la CIA.

Actividad 16: La experiencia. (b) (1) llegue la solicitud
(2) parezca más profesional (3) se vea más limpio
(4) podrías usar su computadora (5) ellos te lo paguen
todo (6) te digan cuánto vas a ganar de sueldo y qué
seguro médico u otros beneficios vas a tener (7) leerlo con
cuidado

Actividad 17: Antes de leer. *Answers will vary according*
to your personal knowledge.

Actividad 18: Propósito y tono. 1. *Propósito:* b *Tono:*
b 2. *Propósito:* a *Tono:* a 3. *Propósito:* a *Tono:* a

Actividad 19: Preguntas. *Answers will vary. The*
following data should be incorporated: 1. los precios en las
tiendas y en el transporte público 2. España, México,
Puerto Rico, la República Dominicana, Cuba 3. Arabia
Saudita, otros países árabes; ponen el cardamomo en el
café 4. *Answers will vary (data not supplied in the articles).*

CAPÍTULO 17

Práctica mecánica I

Actividad 1: El arte. 1. dibujos 2. copia 3. escultor
4. pintores 5. bodegón 6. cuadros 7. obra maestra

Actividad 2: ¿Pedir o preguntar? 1. pido 2.
preguntaron 3. pidió 4. preguntas 5. preguntó
6. pidieron

Actividad 3: El pasado del subjuntivo. 1. pintara
2. tuviera 3. fuera 4. sacara 5. estuvieran 6. viéramos
7. fueran 8. decidiera 9. visitaras 10. muera/haya muerto

Actividad 4: ¿Estudie, haya estudiado o estudiara?
1. hayan visitado 2. supiera 3. venda 4. quiera
5. haya entendido 6. llevara 7. llegara 8. pudiéramos
9. comprara 10. tuviera

Práctica comunicativa I

Actividad 5: El preguntón. (1) preguntaba (2)
preguntó (3) pidió (4) preguntó (5) pidió

Actividad 6: La juventud. *Answers will vary. Use the*
imperfect subjunctive in all responses. For example: Yo
dudaba que mis profesores tuvieran nombres porque siempre
les llamábamos señor y señora.

Actividad 7: La telenovela. *Answers will vary. Use the*
following tenses and moods in the responses: 1. present
subjunctive or present perfect subjunctive 2. present
perfect subjunctive 3. imperfect subjunctive 4. imperfect
or preterit 5. imperfect or preterit 6. imperfect
subjunctive 7. imperfect subjunctive

Actividad 8: Historia de amor. *Answers will vary. Use the imperfect subjunctive in all but the third response, which requires the imperfect indicative.*

Práctica mecánica II

Actividad 9: El amor. 1. comprometidos 2. se pelea 3. soledad 4. celos; aventura amorosa; separarse 5. se casó; se divorciaron

Actividad 10: ¿Acciones recíprocas? 1. se abrazaron 2. se besan 3. me besaba 4. la vi 5. se hablan

Actividad 11: Lo hipotético. 1. fuera; diría 2. viajaría; tuviera 3. pagan; iré/voy a ir 4. tuviéramos; podríamos 5. estuvieras; enseñaría 6. ve; matará/va a matar 7. dijera; creería

Actividad 12: Todo es posible. 1. corría; vi; haya muerto 2. tenía; viajó; fuera 3. salieron; hayan llegado 4. tuvo; fuera; hablaría 5. vive; vivía; ayudaba; buscaba; invitaba; daba; íbamos; encontrara

Práctica comunicativa II

Actividad 13: Encontrando tu pareja ideal. *(a) Answers will vary somewhat. For example:* 1. Es una agencia que te ayuda a encontrar tu pareja ideal. 2. Es una compañía internacional. 3. Dice que tiene más de diez años de experiencia y que usa tests científicos y computación de datos. 4. Se debe enviar el cuestionario. *(b) Answers will vary.*

Actividad 14: Soluciones. *Answers will vary. Use the conditional in all responses. For example:* Si estuviera en las Naciones Unidas, trabajaría para acabar con el terrorismo internacional.

Actividad 15: Interpretaciones. *Answers will vary. Note: Victor's responses should contradict Laura's to some degree. Use the imperfect subjunctive in all responses.*

Actividad 16: Los memos. *(b) Answers will vary. For example:* 1. supiera nada de esto 2. hayan visto a alguien

que los conociera 3. se enamorara de su jefa 4. no saldría con ella 5. lo mataría 6. saliera con él

Actividad 17: La verdad. *(b) Answers will vary. For example:* (1) hayan ganado la competencia (2) va a ser inolvidable (3) podamos hacer algo tan maravilloso

CAPÍTULO 18

Práctica comunicativa

Actividad 1: Corregir. *Answers may vary slightly. For example:* 1. El Salto Ángel e Iguazú son dos cataratas de Suramérica. 2. Miguel Littín es de Chile. 3. Bolivia tiene dos capitales, La Paz y Sucre. 4. Las Islas Galápagos son de Ecuador; allí está el Instituto Darwin. 5. Los mayas y los aztecas son principalmente de México y Centroamérica y los incas son de los Andes. 6. Los romanos llevaron su lengua a España. Esta lengua forma la base del español de hoy día. 7. El Museo del Prado está en Madrid y tiene la mayor colección de arte español en el mundo./El Museo del Oro está en Bogotá y tiene la mayor colección de oro precolombino en el mundo. 8. Una forma de música muy popular de España es el flamenco./Una forma de música muy popular del Caribe es la salsa. 9. En España hay cuatro idiomas oficiales: el catalán, el gallego, el vasco y el español.

Actividad 2: Una vida anterior. *Answers will vary. Use the preterit or imperfect in your responses as indicated by the questions. For example:* 1. Yo era un indio azteca. 2. Shirley era un español que vino con Cortés.

Actividad 3: Tus costumbres. *Answers will vary. For example:* 1. Sí, había estudiado español antes de este año. Hace dos años lo estudié. Lo estudié por un año.

Actividad 4: Los consejos. *Answers will vary. For example:* 1. estudia con un amigo 2. escúchalas dos o tres veces 3. haz todos los ejercicios 4. pon/prestá atención 5. toma buenos apuntes 6. hables con los otros estudiantes mientras habla el profesor 7. pienses en inglés